Themen

Lehrwerk für Deutsch als prache

Lehrerhandbuch Teil B

Vorlagen, Hinweise zu Grammatik und Landeskunde, Tests, Hörtexte und Lösungen

von
Hartmut Aufderstraße
Heiko Bock
Mechthild Gerdes
Jutta Müller

Max Hueber Verlag

Bildquelle S. 65:
Aus e. o. plauen „Vater und Sohn“, Gesamtausgabe

5. 4. 3. | Die letzten Ziffern
2000 1999 98 97 96 | bezeichnen Zahl und Jahr des Druckes.
Alle Drucke dieser Auflage können, da unverändert, nebeneinander benutzt werden.
1. Auflage 1994

Umschlagfoto: © Rainer Binder, Bavaria Bildagentur, Gauting
Zeichnungen: Joachim Schuster, Baldham; Ruth Kreuzer, London
Herstellung: Verlags- und Druckservice Fruth, Aschheim/München
Satz: Satz+Buch GmbH, München
Druck und Bindung: Ludwig Auer GmbH, Donauwörth
Printed in Germany
ISBN 3-19-141521-1

Inhalt

Vorwort

Themen neu
Das Lehrwerksystem

Materialien für den Kursunterricht*	Themen neu 1 Kursbuch	Themen neu 2 Kursbuch	Themen neu 3 Kursbuch
	Themen neu 1 Arbeitsbuch	Themen neu 2 Arbeitsbuch	Themen neu 3 Arbeitsbuch
	Themen neu 1 Zweisprachige Arbeitsbücher	Themen neu 2 Zweisprachige Arbeitsbücher	Themen neu 3 Zweisprachige Arbeitsbücher
	Themen neu 1 Cassetten/CDs: Hörtexte	Themen neu 2 Cassetten/CDs: Hörtexte	Themen neu 3 Cassetten/CDs: Hörtexte
Zusatzmaterialien für den Lerner	Themen neu 1 Glossare	Themen neu 2 Glossare	
	Übungsprogramm für PC		
	Hören Sie mal! 1	Hören Sie mal! 2	
Zusatzmaterialien für Kursleiterinnen und Kursleiter	Themen neu 1 Lehrerhandbuch Teil A	Themen neu 2 Lehrerhandbuch Teil A	Themen neu 3 Lehrerhandbuch Teil A
	Themen neu 1 Lehrerhandbuch Teil B	Themen neu 2 Lehrerhandbuch Teil B	Themen neu 3 Lehrerhandbuch Teil B
	Themen neu 1 Sprechübungen	Themen neu 2 Sprechübungen	

Weitere Materialien in Planung:

Für Lernende: Lesehefte, Wiederholungsbuch

Für Unterrichtende: Materialienbuch

* *Themen neu* erscheint auch in einer Ausgabe in zwei Bänden.

Themen neu
Ziele und Zielgruppen

Themen neu ist konzipiert

für Lerner

- ohne Vorkenntnisse
- im Jugendlichen- oder Erwachsenenalter
- die das Zertifikat Deutsch als Fremdsprache anstreben

für Lehrer

- die moderne Lehrverfahren mit bewährten Übungsformen und klarer Progression verbinden wollen
- die einen inhaltlich abwechslungsreichen und kommunikativen, aber dennoch methodisch geordneten Unterricht halten wollen.

Das Lehrwerk

- führt in drei Bänden zum Zertifikat Deutsch als Fremdsprache des Goethe-Instituts und des Deutschen Volkshochschul-Verbandes
- vermittelt einen Grundwortschatz von ca. 2100 Wörtern und die Grundstrukturen der deutschen Sprache
- vermittelt die Fähigkeit, an Alltagskommunikation teilzunehmen, einfache Texte zu schreiben und die Kerninformation durchschnittlich schwieriger Alltagstexte zu verstehen
- vermittelt alle vier Fertigkeiten. Die Hör-, Sprech-, Lese- und Schreibtexte und -Übungen sind methodisch eng miteinander verbunden
- bietet Lernern und Lehrern ein eng aufeinander abgestimmtes System von Kern- und Zusatzmaterialien.

Zu den Werkteilen

Materialien für den Kursunterricht

Kursbücher Band 1–3
Die Kursbücher enthalten die Materialien (Texte, Übungen, Grammatik), die für den Unterricht notwendig sind. Geübt werden vor allem der Gebrauch der Sprache in Text- und Handlungszusammenhängen und die vier Fertigkeiten.
Die Texte und Übungen folgen für das Lesen, Hören, Schreiben und Sprechen vier Progressionssträngen, die entsprechend dem unterschiedlichen Schwierigkeitsgrad im Erwerb dieser Fertigkeiten unterschiedlich steil verlaufen.
Jedes Kursbuch wird durch eine zusammenfassende Grammatikübersicht abgeschlossen.

Arbeitsbücher zu Band 1–3
Während im Kursbuch die praktische Anwendung komplexer Redemittel trainiert wird, bietet das Arbeitsbuch Übungen zur Bildung und zum Gebrauch ausgewählter sprachlicher Einzelformen und zum Wortschatz. Die Übungen machen grammatische und lexikalische Zusammenhänge bewußt. Sie werden im Unterricht in Stillarbeitsphasen oder von den Kursteilnehmern zu Hause eingesetzt. Ein Lösungsschlüssel im Anhang ermöglicht es den Lernern, ihre Übungen selbst zu überprüfen. Die Arbeitsbücher sind damit auch zum Selbststudium geeignet.
Im Gegensatz zum Kursbuch beschränkt sich das Arbeitsbuch konsequent auf eine Kerngrammatik und einen Kernwortschatz, die beide mit den Lernzielen des Zertifikats identisch sind. In den Übungen wird ausschließlich bereits bekannter Kernwortschatz und bekannte Kerngrammatik eingesetzt.
Die jeweils neue Kerngrammatik und der neue Kernwortschatz werden am Anfang jeder

Lektion in Listen zusammengefaßt dargestellt. Die Lerner haben so immer eine klare Übersicht über den zu lernenden Stoff, für den Lehrer sind die Listen ein praktisches Planungsinstrument für seinen Unterricht, für Wiederholungsphasen und Tests.
Für die Sprachen Griechisch, Italienisch, Spanisch, Englisch und Französisch erscheinen spezielle Ausgaben des Arbeitsbuches. Sie enthalten neben dem normalen Übungsteil den Kernwortschatz mit Übersetzungen, landeskundliche Hinweise und eine kontrastive Kerngrammatik (in der jeweiligen Sprache) mit speziellen Übungen zum besseren Verständnis der Grammatikerklärungen.

Kassetten bzw. CDs zu Band 1–3
Die Kassetten bzw. CDs enthalten alle Hörtexte und alle Sprechtexte (Musterdialoge z. T. mit Varianten) aus den Kursbüchern. Diese Texte sind für den Lern- und Übungsablauf unverzichtbar. Ohne Kassetten bzw. CDs kann deshalb mit *Themen neu* nicht unterrichtet werden. Da die Schulung des Hörverständnisses äußerst wichtig ist, aber die Zeit dafür im Unterricht häufig nicht ausreicht, sollten die Kassetten bzw. CDs auch für die Lerner verfügbar sein, damit sie zu Hause selbständig üben können.

Zusatzmaterialien für den Lerner

Glossare
Die Glossare enthalten Übersetzungen des Gesamtwortschatzes der jeweiligen Kursbücher mit Beispielsätzen zur Klärung spezifischer Bedeutungen. Dieser Gesamtwortschatz ist größer als der zu lernende Kernwortschatz, der im Arbeitsbuch aufgelistet ist. Die Glossare sind also keine Lernlisten, sondern Hilfsmittel zum Verständnis der Texte und zur Bearbeitung der Übungen im Kursbuch.

Übungen zum Hörverständnis
Hören Sie mal! 1 (3 Cassetten mit Begleitbuch)
Hören Sie mal! 2 (3 Cassetten mit Begleitbuch)
Das Angebot enthält zusätzliche Hörtexte und Übungen zum systematischen Training des Hörverständnisses und ist damit als Vorbereitung auf den Prüfungsteil „Hörverständnis" geeignet. Das Begleitbuch enthält neben den Übungen jeweils die Transkription aller Hörtexte sowie einen Lösungsschlüssel für alle Übungen. Es kann daher auch im Selbststudium eingesetzt werden.

In Planung:

Lesehefte
Die Lesehefte mit Zusatztexten zu den Themen der einzelnen Lektionen wird es in zwei Ausgaben geben:
- Die Ausgabe für das Inland wird Lesetexte enthalten, die für die Orientierung im deutschen Umfeld wichtig sind.
- die Ausgabe für das Ausland wird Texte zur Landeskunde enthalten, die Informationen über Deutschland und das Alltagsleben in Deutschland vermitteln.

Übungshefte zum Schreiben
Mit den Übungen und Mustertexten in diesem Heft wird gezielt die Schreibfertigkeit geschult und auf den Prüfungsteil „schriftlicher Ausdruck" des Zertifikats vorbereitet. Die Übungen werden so angelegt, daß sie zum Selbststudium geeignet sind.

Zusatzmaterialien für den Lehrer

Lehrerhandbücher
Das *Lehrerhandbuch Teil A* enthält unterrichtspraktische Hinweise zur Arbeit mit dem Kursbuch und den begleitenden Materialien. Diese Hinweise folgen konsequent den im Kursbuch vorgegebenen Unterrichtsschritten. Dadurch wird die Unterrichtsvorbereitung erheblich erleichtert.
Das *Lehrerhandbuch Teil B* bietet Kopiervorlagen mit unterrichtssteuernden Hilfsmitteln, Zusatzübungen, Lernspielen, Tests zur Überprüfung des Leistungsstandes sowie Erläuterungen zur Grammatik, Informationen zur Landeskunde, die Transkription aller Hörtexte und die Lösungen aller Übungen aus dem Kursbuch.

Sprechübungen
Die Sprechübungen sind im Sprachlabor, aber auch im Selbststudium verwendbar und trainieren die Strukturen der Kerngrammatik. Sie folgen der Progression der Sprechtexte und der Übungen des Kursbuches.

In Planung

Test- und Wiederholungsbuch
Der Band wird Testaufgaben und Wiederholungsübungen zu Grammatik und Wortschatz enthalten.

Materialienbuch
Der Band wird Kopiervorlagen mit Zusatzübungen, Lernspielen und unterrichtssteuernden Hilfsmitteln enthalten.

Folienvorlagen
Der Band wird ein zusätzliches Angebot zur Festigung von Kenntnissen und Fertigkeiten anbieten.

Videofilm
Der Film wird zu einer Reihe von Themen Varianten der Sprechtexte und Szenen mit landeskundlichen Informationen anbieten.
Er ist so konzipiert, daß er ohne methodische Probleme in den laufenden Unterricht integriert werden kann.

PC-Programm
Das Programm beruht auf Übungen aus dem Arbeitsbuch, die der Festigung von Wortschatz, Idiomatik und Grammatik dienen.

Zu diesem Lehrerhandbuch

Das Lehrermaterial zu „Themen neu 1" wird in zwei Bänden angeboten:

- *Lehrerhandbuch Teil A · Unterrichtspraktische Hinweise*
- *Lehrerhandbuch Teil B · Vorlagen, Hinweise zu Grammatik und Landeskunde, Tests, Hörtexte und Lösungen*

Der vorliegende *Teil B* enthält ein erweiterndes Angebot, auf das in den unterrichtspraktischen Hinweisen in *Teil A* verwiesen wird.

Erklärung der Abkürzungen:

→ GR	Hinweise zur Grammatik
→ LK	Hinweise zur Landeskunde
→ TK	Transkription der Hörtexte
→ Lg	Lösungen
T	Tests
KT	Kursteilnehmerinnen/ Kursteilnehmer
KL	Kursleiterin/Kursleiter

Dialogübung

Mein Name ist Ich heiße	...

Wer ist	Herr ... ? Frau ... ?	Ich. Das bin ich.	
Sind Sie	Herr ... ? Frau ... ?	Nein,	ich heiße ... mein Name ist ...

Sind Sie	Herr ... ? Frau ... ?	Ja, das bin ich. Nein,	 ich heiße ... mein Name ist ...

Dialogübung

Guten ..., Hallo,	...

Wie geht es	Ihnen? dir?		Danke,	gut. es geht.
			Und	Ihnen? dir?

Danke, auch gut.
Es geht.

Dialogübung

○ Wie heiß... __________?

□ ____________________

○ Wie schreibt __________?
Buchstabieren ______.

□ ____________________

○ Wo wohn... __________?

□ In ____________________

○ Wie ________ Adresse?

□ ____________________

Buchstabenbingo

Spielanleitung siehe Seite 82

A	B	C	D	E	F
G	H	I	J	K	L
M	N	O	P	Q	R
S	T	U	V	W	X
Y	Z	Ä	Ö	Ü	ß

Buchstabenbingo

Zahlenbingo

Spielanleitung siehe Seite 82

Zahlenbingo

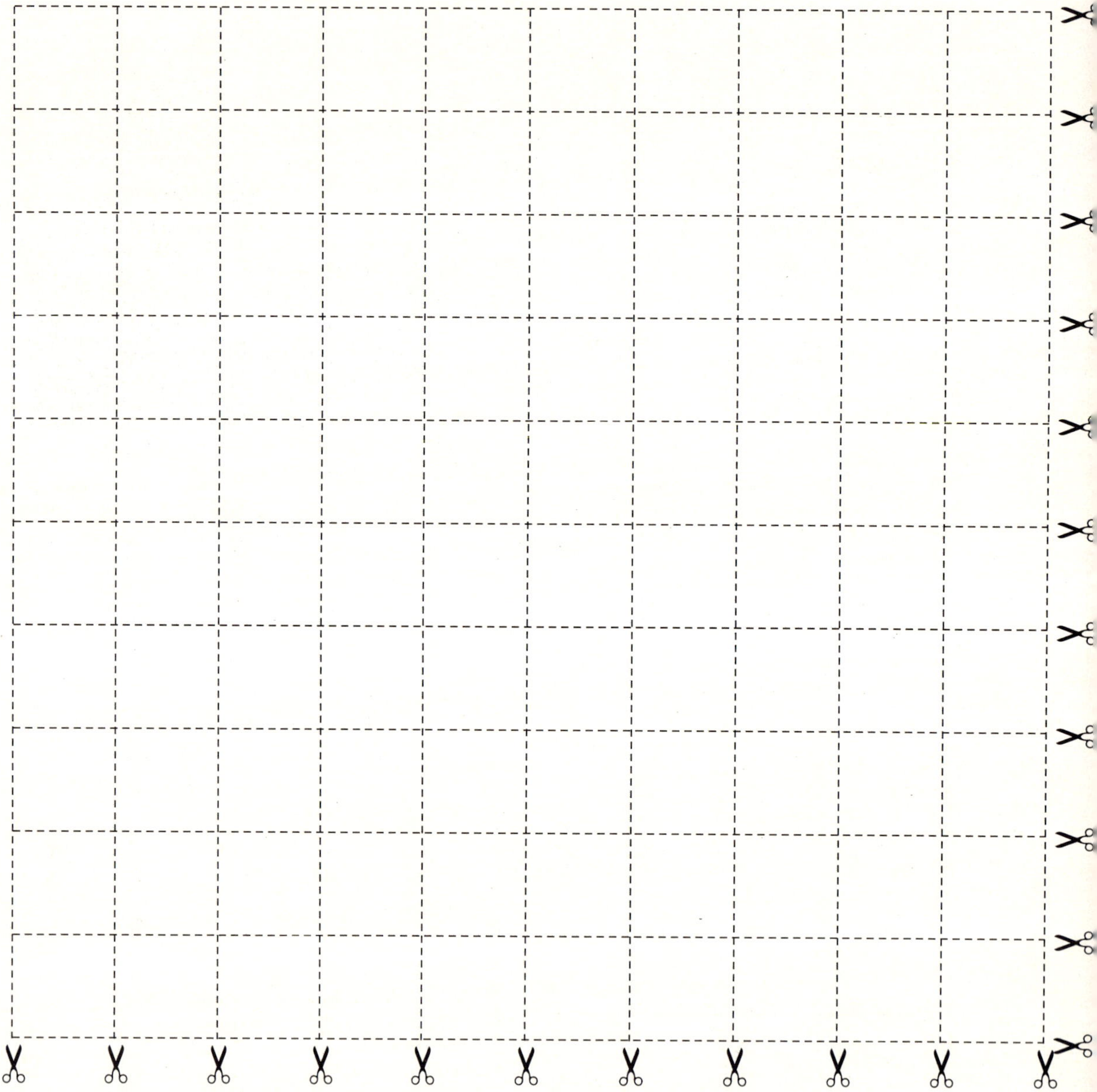

Dialogübung

○ ...

□ Wer ... ?

○ ...

□ Ist ... nicht ... ?

○ Nein, ...

□ Oh, ...

○ Macht ...

Die deutschsprachigen Länder

Wer ist wer?
Spielanleitung siehe Seite 82

Sie sind Spieler Nr. ___ und heißen ____________. Antworten Sie so:

Meine Nr.	Mein Wohnort	Mein Beruf	Mein Hobby	Mein Alter	ver-heiratet	Kinder	Mein Vorname
							nicht antworten

Fragen Sie die anderen Personen und notieren Sie die Antworten.

Nr.	Wohnort?	Beruf?	Hobby?	Alter?	ver-heiratet?	Kinder?	Vorname
1							?
2							?
3							?
4							?
5							?
6							?
7							?

Wer ist wer?
(Lösungstabelle)

Nr.	Wohnort	Beruf	Hobby	Alter	verheiratet	Kinder	Vorname
1	Leipzig	Ärztin	Klavier spielen	29	nein	1	Katja
2	Vaduz	Auto-mechaniker	Reisen	53	nein	nein	Klaus-Otto
3	Hamburg	Ingenieurin	Surfen	34	ja	2	Angelika
4	Rostock	Elektro-techniker	Schach spielen	60	ja	2	Ewald
5	Berlin	Studentin	Sport	23	nein	nein	Monika
6	Wien	Program-mierer	Tennis spielen	40	nein	nein	Klaus
7	Brienz	Landwirt	Lesen	44	ja	4	Gottfried

Dialogübung

a)

○ 

□ 

b)

○ 

□ 

○ Guten ... , ... frei ?

□ Ja, ... – Sind ... ?

○ Ja, ich ... hier.
(Nein, ich ... hier.)

□ Und was ... ?

○ Ich ... Und Sie?

□ Ich ...
Übrigens: Mein ...
(... heiße ...)

○ ... heiße ...
(Mein ...)

Dialogübung

○	□	△
Ich komme aus Bruck. Nach Stuttgart. Hallo! Habt ihr Feuer? Bei Wien. Ich bin Österreicher. Wohin möchtet ihr? Woher kommt ihr? Wartet ihr hier schon lange?	Es geht. Wir kommen aus Rostock. Und woher kommst du? Nein, leider nicht.	Nach München. Und wohin möchtest du? Wo liegt das denn?

Ordnen Sie die Sätze.

○ □ △

○ ______________________

□ ______________________

○ ______________________

□ ______________________

○ ______________________

□ ______________________
____

○ ______________________

△ ______________________

○ ______________________
____

△ ______________________
____

○ ______________________

Dialogübung

○ Hallo! Habt ... ?

□ Nein, ...
(Ja, hier ...)

○ Wart- ... ?

□ Ja, schon ...
(Nein, erst ...)

○ Woher ... ?

□ Wir ... aus ...
Und ... ?

○ ... komme aus ...
(... | bin aus / lebe in / wohne in | ...)

△ Wo | liegt ... ? / ist ... ?

○ Bei ... Ich ...
Wohin ...?

△ Nach ...
Und ... ?

○ Nach ...

Wortschatztraining

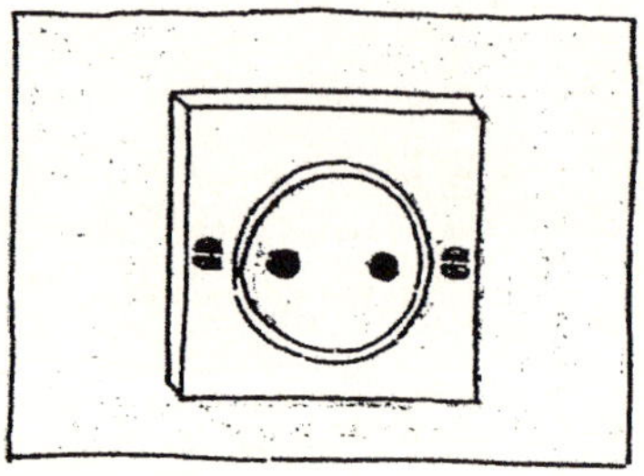

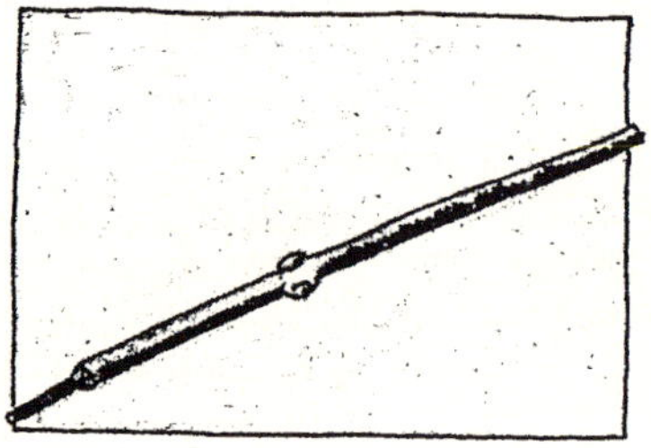

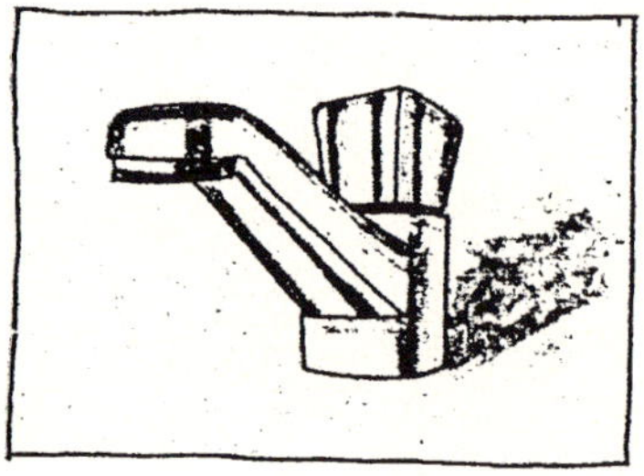
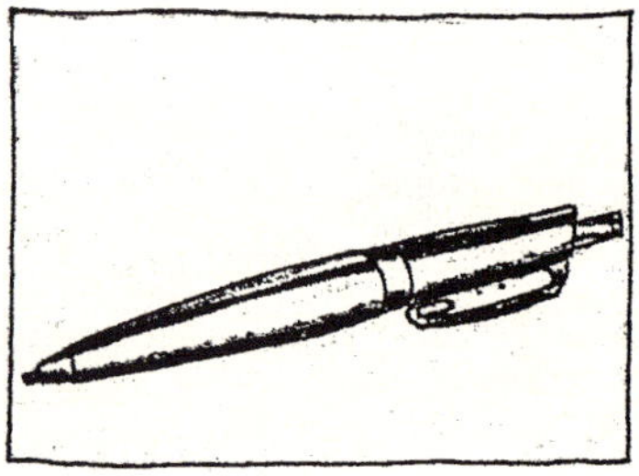

Wortschatztraining

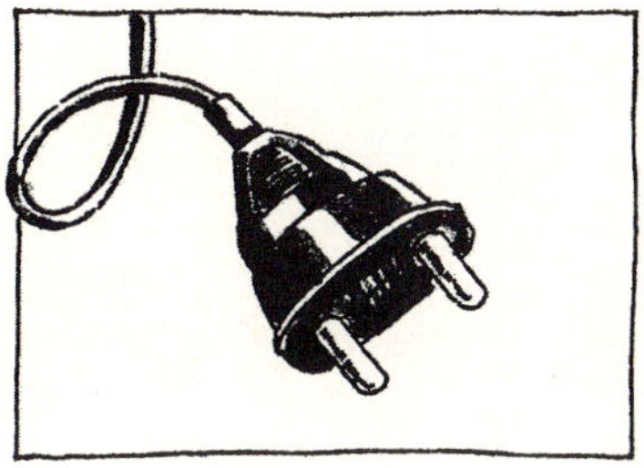

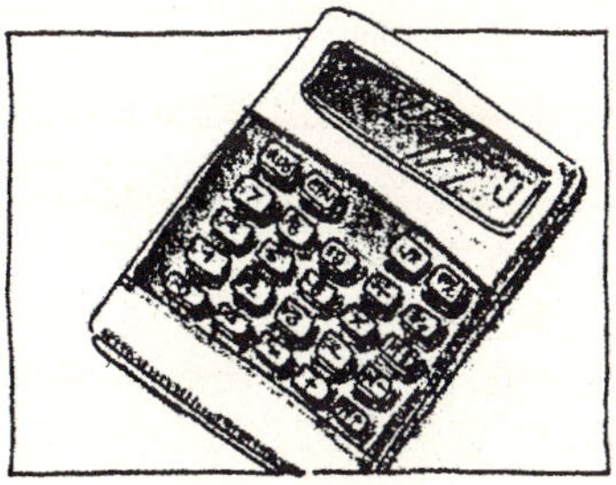

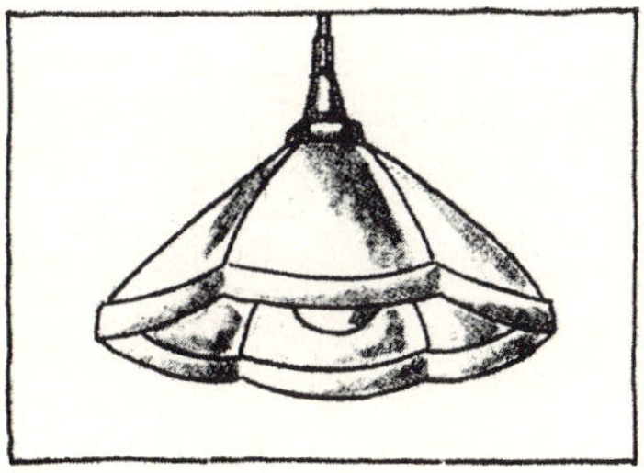

„der", „die", „das"

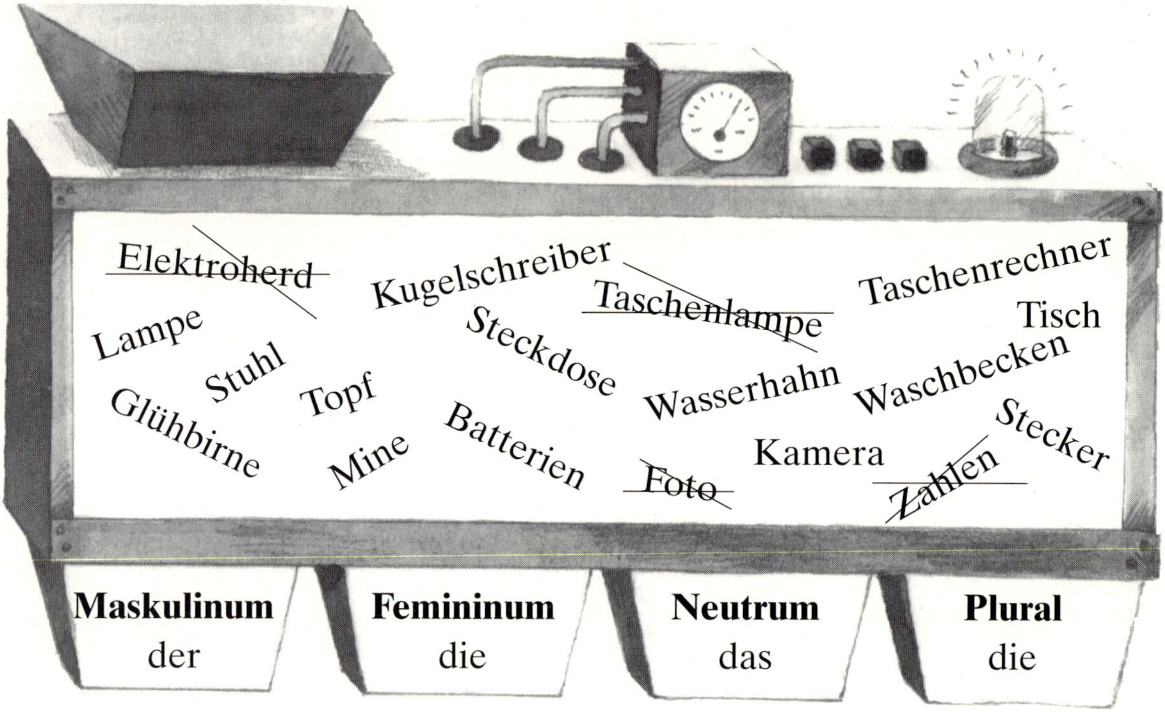

Maskulinum der	Femininum die	Neutrum das	Plural die
Elektroherd	*Taschenlampe*	*Foto*	*Zahlen*

„Der“ / „ein“ / „er“?
„Die“ / „eine“ / „sie“?
„Das“ / „ein“ / „es“?

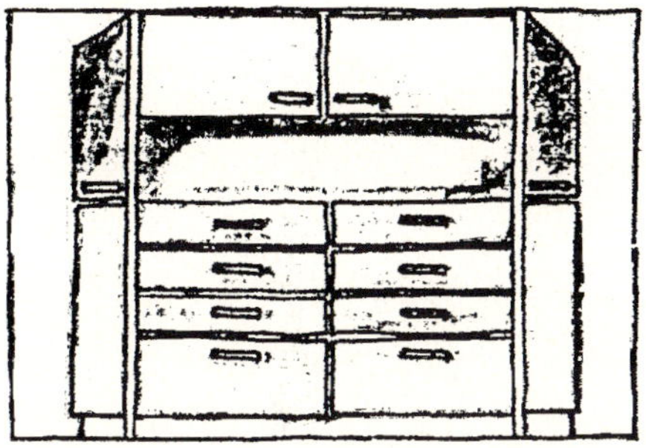

Das ist ______ BADENIA-Küchenschrank. ______ Schrank hat 8 Schubladen. ______ kostet DM 998,–.

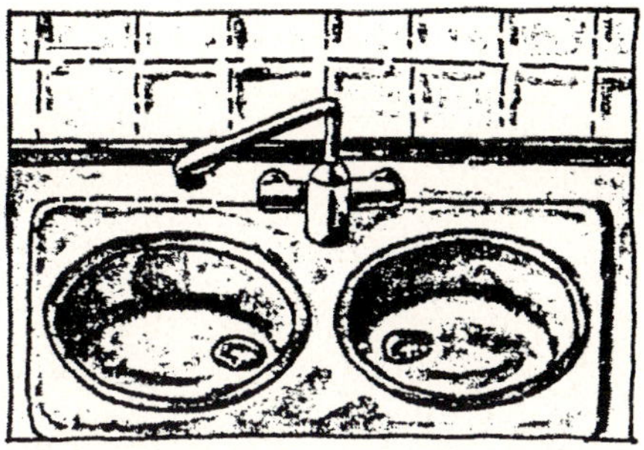

Das ist ______ BADENIA-Spüle. ______ Spüle hat zwei Becken. ______ kostet DM 299,–.

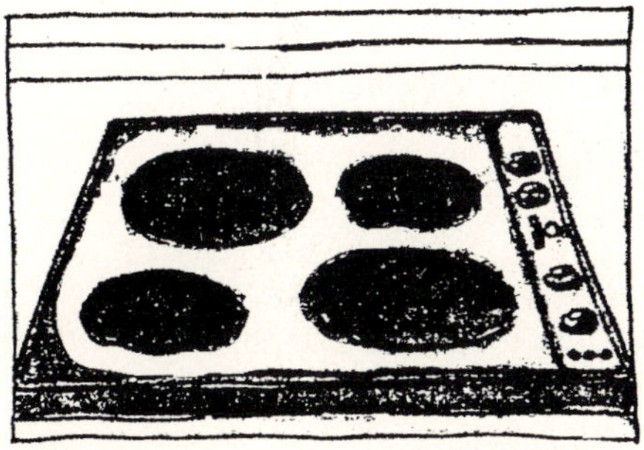

Das ist ______ BADENIA-Kochfeld. ______ Kochfeld ist aus Glaskeramik. ______ kostet DM 689,–.

Das sind BADENIA-Küchenstühle. ______ Stühle sind sehr bequem. ______ kosten DM 285,–.

das Regal – die Regale

Hier abknicke

-e	das Regal	– die Regale		
		–	die Telefone	(3
		–	die Elektroherde	(4
		–	die Tische	(5
		–	die Fernsehgeräte	(5
¨e	der Wasserhahn	– die Wasserhähne		
		–	die Stühle	(4
		–	die Kühlschränke	(2
		–	die Schränke	(3
-n	der Name	– die Namen		
		–	die Waschmaschinen	(2
		–	die Lampen	(4
		–	die Mikrowellen	(2
-en	die Zahl	– die Zahlen		
		–	die Uhren	(4
-	der Stecker	– die Stecker		
		–	die Geschirrspüler	(2
		–	die Abfalleimer	(2
-er	das Kochfeld	– die Kochfelder		
		–	die Bilder	(4
-s	das Auto	– die Autos		
		–	die Radios	(5
		–	die Kameras	(3

Dialogübung

A

B

Dialogübung

A

C

B
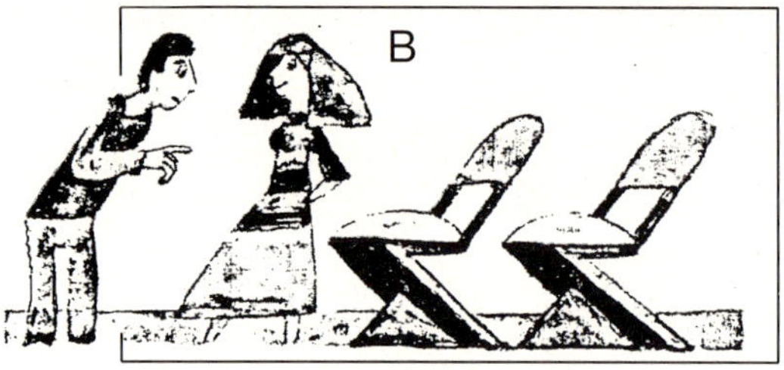

D

○ Entschuldigen Sie!
Was ... ?

□ Das ist ...

○ Was ... ? Ein ... ?

□ Ja, das ...

○ Funktioniert ... ?

□ Ja, ... ist ...

○ Mmh, ... ist ...

witzig lustig originell gut modern bequem neu praktisch

Dialogübung

○ Mein(e) ... nicht!

□ Was sagst du?
... ist ... ?

○ Ja, ... ist ...
Er/Sie/Es ... nicht.

□ Nein, nein, ... ist nicht ...
Der/Die/Das ...

○ Ach so!

- Die Waschmaschine wäscht/geht/funktioniert nicht.
- Der Wasserhahn ist zu.

- Der Taschenrechner funktioniert/geht nicht.
- Die Batterien sind leer.

- Das Fernsehgerät funktioniert/geht nicht.
- Die Fernbedienung ist kaputt.

- ...

Lernspiel

1 **Schrank**	2 **Stuhl**	3 **Lampe**	4 **Taschen-rechner**	5 **Auto**
6 **Abfall-eimer**	7 **Radio**	8 **Fernseh-apparat**	9 **Bild**	10 **Elektro-herd**
11 **Wasch-becken**	12 **Telefon**	13 **Uhr**	14 **Regal**	15 **Kühl-schrank**
16 **Topf**	17 **Kamera**	18 **Taschen-lampe**	19 **Mikro-welle**	20 **Geschirr-spüler**

Franz Kaiser

Er trinkt/ißt ...

ein Brötchen
eine Milch

Clara Mai

Sie trinkt/ißt ...

Thomas Martens

Er trinkt/ißt ...

In jeder Gruppe sind zwei Sätze richtig. Welche?
Schreiben Sie die Sätze unten in die Tabelle.

a) A. Morgens trinkt er ein Glas Milch.
   B. Morgens er trinkt ein Glas Milch.
   C. Ein Glas Milch trinkt er morgens.

b) A. Sie ißt abends Gemüse.
   B. Gemüse ißt sie abends.
   C. Sie abends Gemüse ißt.

c) A. Die Flasche ist sie leer.
   B. Die Flasche ist leer.
   C. Leer ist die Flasche.

d) A. Ich arbeite erst drei Tage hier.
   B. Erst drei Tage arbeite ich hier.
   C. Erst ich arbeite drei Tage hier.

e) A. Ich heiße Petra Weber ist mein Name.
   B. Petra Weber bin ich.
   C. Mein Name ist Petra Weber.

f) A. Das ist eine Küchenlampe.
   B. Eine Küchenlampe ist das.
   C. Das ist das eine Küchenlampe.

g) A. Hören Sie jetzt die Dialoge.
   B. Jetzt Sie hören die Dialoge.
   C. Die Dialoge hören Sie jetzt.

	Vorfeld	Verb	Subjekt	Angabe	Ergänzung
a)	*Morgens*	*trinkt*	*er*		*ein Glas Milch*
b)					
c)					
d)					
e)					
f)					
g)					

Essen und Trinken
1
2
3
4
5
6
7
8
9
10
11
12
13
14
15
16
17
18
19
20
21
22

**Ergänzen Sie die Gerichte und Speisen.
Schreiben Sie eine Speisekarte.**

Gasthof Niehoff

Kalte Gerichte

____
____

Suppen

____
____
____

Hauptgerichte

____
____
____
____
____
____
____
____
____
____
____
____
____
____
____

Dessert und Kuchen

____
____
____
____

Getränke

____
____
____
____
____
____
____

Kaffee (Tasse)
Bratwurst mit Pommes frites oder Kartoffelsalat
Bratfisch mit Kartoffeln und Salat
Fischplatte mit Toastbrot und Butter
Weißwein
Rindfleischsuppe
Apfelkuchen
Zwiebelsuppe
Käseteller mit Weißbrot
Coca Cola
Schinkenplatte mit Schwarzbrot, Butter, Gurken
Eis mit Früchten und Sahne
Gemüsesuppe
Schweinebraten mit Kartoffeln und Rotkohl
Limonade
Rindersteak mit Pommes frites und Bohnen
Obstkuchen
Rotwein
Bratwurst mit Brot
Apfelsaft
Kotelett mit Bratkartoffeln und Salatteller
Tee
½ Brathähnchen mit Reis und Gemüse
Eis mit Sahne

Dialogübung

○ ... bestellen.

□ ... bekommen ... ?

○ ... nehme ...

□ ... trinken ?

○ Ein/Eine/Einen ...

□ Und ... ? Was ... ?

△ Einen/Eine/Ein ...
Aber ...

□ ... Und ... trinken?

△ Ein/Eine/Einen ...

Dialogübung

○ ... bezahlen.

□ ... oder ... ?

○ ... bitte.

□ Was ... ?

○ Den/Die/Das ...

□ ... macht ...

○ ... bitte.

□ Vielen ... !

△ Und ich ...

□ Das ... Mark ...

△ ... Stimmt ...

□ ... schön!

Bilden Sie Imperativsätze.

a) Der Fisch schmeckt sehr gut.
((noch etwas Fisch nehmen))

Nehmen Sie doch noch etwas Fisch!
Nimm doch noch etwas Fisch!

b) Ich komme gleich.
((bitte 5 Minuten warten))

____
____

c) Ich habe kein Geld.
((bitte das Essen bezahlen))

____
____

d) Ich verstehe kein Englisch.
((bitte Deutsch sprechen))

____
____

e) Das ist hier verboten.
((bitte nicht rauchen))

____
____

f) Der Wein schmeckt hier nicht.
((lieber Bier trinken))

____
____

Ihre Grammatik: Ergänzen Sie die Sätze aus a), b) und c).

	Verb_1	Subj.	Angabe	Ergänzung	Verb_2
a)	*Nehmen*	*Sie*	*doch noch*	*etwas Fisch!*	
b)					
c)					

27 Lektion 3
zu Übung 20, Seite 43

Das Bierlexikon

Achtung: Hier sind Fehler. Was steht auf Seite 42 im Kursbuch, was steht dort nicht?

	**Altbier**	dunkel, leicht, etwas bitter, vor allem in Düsseldorf und Bayern
	**Weizenbier**	mit etwas Zitrone, stark, aus Bayern, Gläser eng mit Bauch, nur in Bayern
	**Export**	hell, sehr mild und stark, in ganz Deutschland
	**Kölsch**	hell, leicht, bitter, nur im Kölner Raum, Gläser hoch und eng

Schreiben Sie kurze Texte.

Altbier: *Das Altbier ist dunkel und schmeckt etwas bitter.*
Man trinkt es vor allem in Düsseldorf.

Weizenbier: ______________________________

____

Export: ______________________________

____

Kölsch: ______________________________

____

Willkommen an Bord!

	Was ist das?	Was machen die Leute? Was kann man da machen?
	*ein Geschäft*	*etwas kaufen*
	*eine* ______	______
	______	______
	______	______
	______	______
	______	______
	______	______
	______	______

29 Lektion 4
zu Übung 6, Seite 48

Was muß/kann/darf man hier (nicht) machen?

a) 

Hier *muß* man stoppen.

b) 

Hier ________ man parken.

c) 

Hier ________ man tanken.

d) 
Hier ________ man aufpassen.

e) 
Hier ________ man nicht radfahren.

f) 
Hier ________ man nach rechts fahren.

g) 
Hier ________ man nicht parken.

h) 

Hier ________ man telefonieren.

i) 

Hier ________ man auf dem Fußweg parken.

j) 

Man ________ nicht schneller als 60 km/h fahren.

k) 
Hier ________ man geradeaus fahren.

l) 
Hier ________ man Erste Hilfe bekommen.

m) 
Hier ________ man leise sein.

n) 
Hier ________ man Kaffee trinken und etwas essen.

o) 
Hier ________ nur Fußgänger gehen.

p) 
Der Gegenverkehr ________ warten.

q) 
Hier ________ man nicht überholen.

Dialogübung

○ Was machen ... ?

□ Ich ...

○ Hier dürfen ...

□ Wer ... ?

○ Das ist ...

□ Ach so, dann ...

Was	machen Sie machst du macht ihr	(denn) da?

Das geht aber nicht!

Hier	dürfen Sie ...	aber nicht ...

Das ist (hier) verboten.

Sie sehen doch das Schild da!

Musik machen Klavier spielen
Eis essen ...

Warum (denn) nicht?
Wer sagt das?

Na gut, Ach so,	dann	höre ich hören wir ... ich/wir eben nicht.	eben auf.

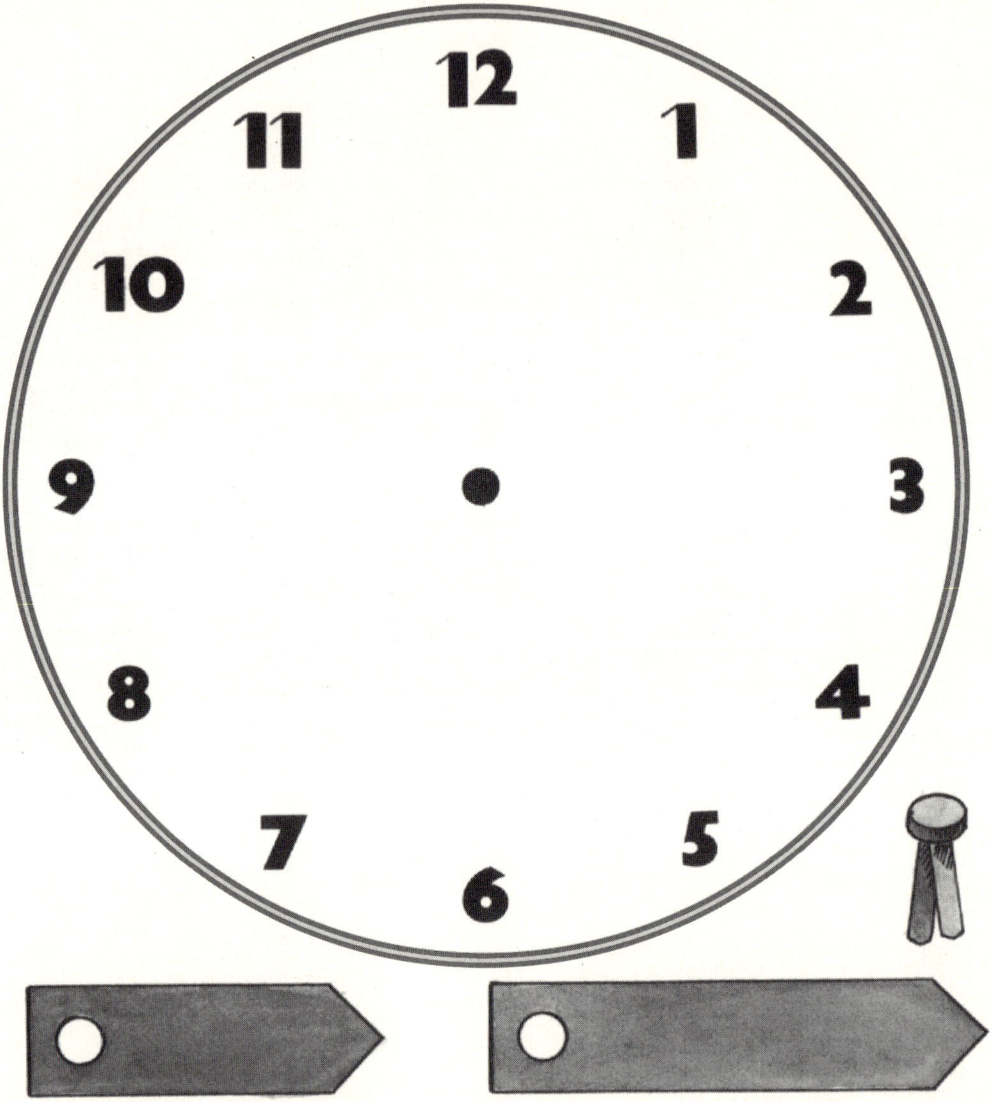

Herstellung einer Pappuhr:

Vorlage kopieren und auf leichten Karton kleben, dann Teile ausschneiden, Zeiger mit Rundkopfklammer beweglich befestigen.

Herstellung einer Uhr auf Folie:

Vorlage auf Folie kopieren, Zeiger ausschneiden und mit Rundkopfklammer beweglich befestigen.

Tagesabläufe

Abdeckkarten für Wortbingo

Spielanleitung siehe Seite 82

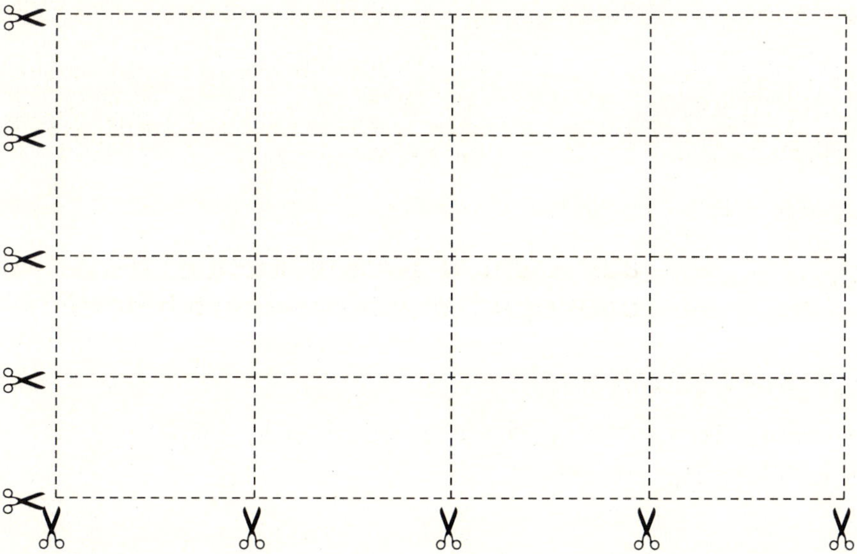

Tagesabläufe

Abdeckkarten für Wortbingo

Dialogübung

○ Sag mal, hast ... ?

□ Nein, ...

○ Ich möchte ... Hast ... ?

□ Wann ... ?

○ Um ...

□ Gut, dann ...

○ Bis ...

Hast du	heute abend		schon was vor?
	morgen	früh	Zeit?
		nachmittag	

Ich möchte gern	das Tennisspiel sehen.
	den Film mit G. C. sehen.
	das Piano-Konzert hören.
	tanzen gehen.
	schwimmen gehen.
	ein Bier trinken gehen.

Hast du Lust?
Kommst du mit?

Wann	fängt das denn an?
	treffen wir uns?

Tut mir leid.

Ich habe	keine Zeit.
	keine Lust.

Vielleicht	das nächste Mal.
	morgen.

Ja, gern.
In Ordnung.

Wie heißen die Möbel auf deutsch?

a) ______________________

b) ______________________

c) ______________________

d) ______________________

e) ______________________

f) ______________________

g) ______________________

h) ______________________

i) ______________________

j) ______________________

k) ______________________

l) ______________________

m) ______________________

n) ______________________

o) ______________________

p) ______________________

Quartettspiel
Spielanleitung siehe Seite 83

35b Lektion 5
zu Übung 4, Seite 59

Quartettspiel

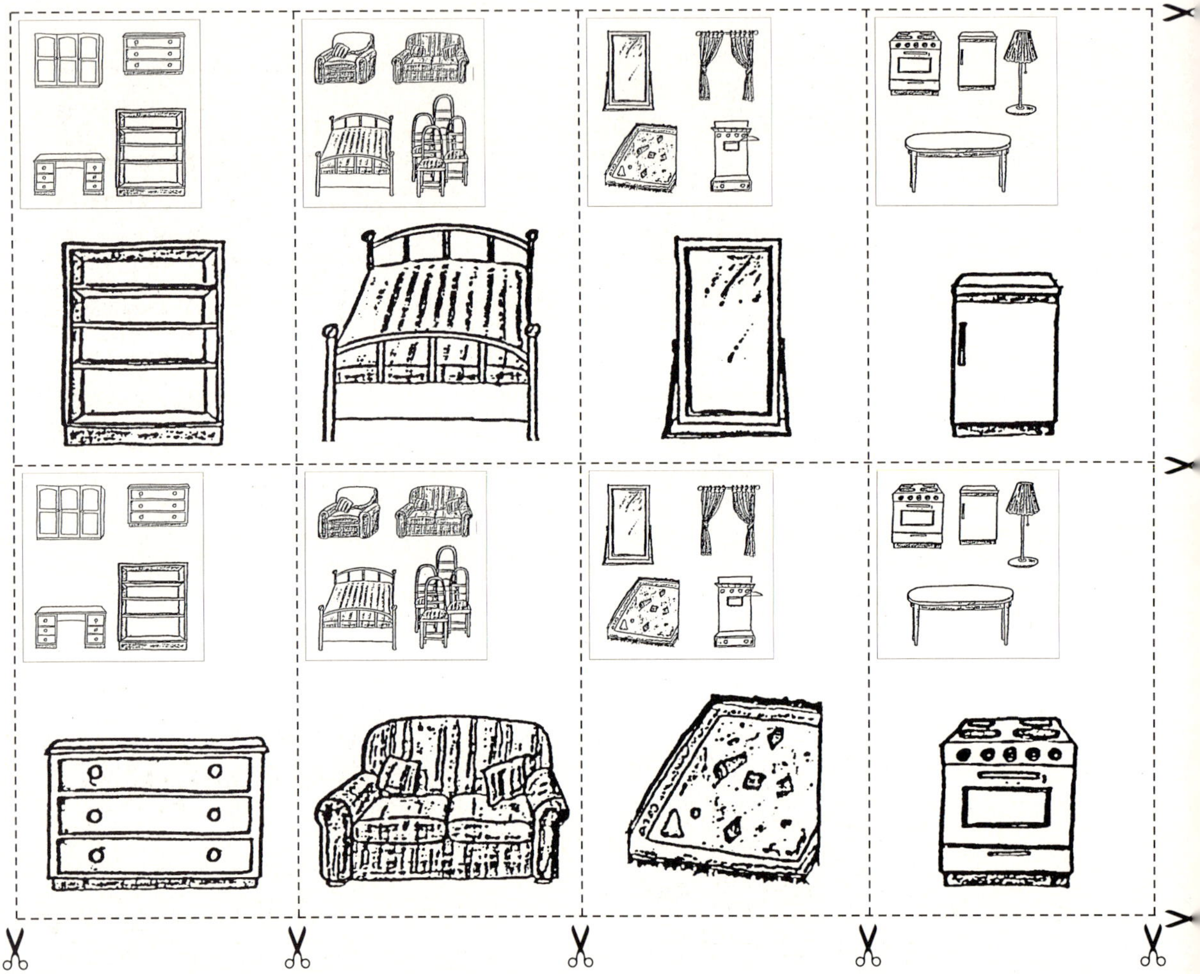

Dialogübung

○ □

○ Schau ... Hast ... ?

□ Nein, ...

○ Wie findest ... ?

□ D... ist ...

○ Und d... ? Magst ... ?

□ Meinst ... ?

○ Nein, d...

□ D... Was kostet ... ?

Gläser Vorhänge Lampen Stühle Teppiche ...

teuer häßlich groß klein billig schön gut ...

Lesen Sie die beiden Texte im Kursbuch, und ergänzen Sie die Tabelle.

Familie Höpke

Familie Wiegand

Beschreiben Sie die Situation der beiden Familien.

	Familie Höpke	Familie Wiegand
Wie viele Personen hat die Familie?		
Wie viele Zimmer hat die Wohnung?		
Was kostet die Wohnung?		
Wie sind die Verkehrsverbindungen?		
Was möchten sie gern?		
Welches Problem gibt es?		

Steht das im Text?

Kreuzen Sie an.

a) A. ☐ In Deutschland darf man keine Tauben füttern.
   B. ☐ Tauben darf man nicht auf dem Fensterbrett füttern.

b) A. ☐ Politparolen darf man nicht außen am Haus aufhängen.
   B. ☐ In der Wohnung darf man keine Politparolen aufhängen.

c) A. ☐ Nachts dürfen die Mieter keinen Krach machen.
   B. ☐ Mittags müssen die Kinder im Kinderzimmer spielen.

d) A. ☐ Man darf abends nicht Musik machen.
   B. ☐ In der Wohnung darf man nicht zu lange und nicht zu laut Musik machen.

e) A. ☐ Ihr Freund/Ihre Freundin darf nicht in Ihrem Appartement wohnen.
   B. ☐ Ihr Freund/Ihre Freundin darf in Ihrem Appartement wohnen, das ist nicht verboten.

f) A. ☐ In einer Mietwohnung kann auch ein Geschäft sein.
   B. ☐ In einer Mietwohnung darf man nicht kaufen und verkaufen.

g) A. ☐ Der Vermieter kann Haustiere nicht verbieten.
   B. ☐ Im Mietvertrag können Haustiere verboten sein.

h) A. ☐ Von 13.00 bis 15.00 Uhr dürfen Sie nicht grillen.
   B. ☐ Sie dürfen draußen grillen, aber Sie dürfen nicht zu laut sein.

i) A. ☐ Für eine Antenne auf dem Dach brauchen Sie eine Erlaubnis.
   B. ☐ Eine Antenne auf dem Dach ist verboten.

j) A. ☐ In Ihrer Mietwohnung dürfen Sie feiern, Sie müssen aber vorher die Nachbarn um Erlaubnis bitten.
   B. ☐ In einer Mietwohnung darf man auch nachts feiern, aber nicht zu oft.

39 Lektion 5
zu Übung 17, Seite 65

Wo ist das Bild?

a) ______________

b) ______________

c) ______________

d) ______________

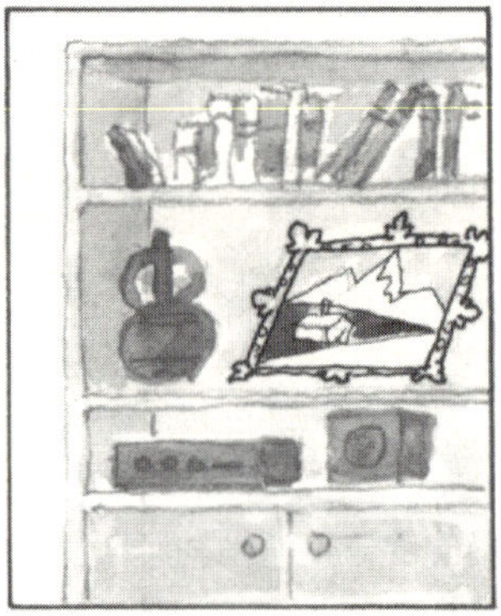

e) ______________

f) ______________

g) ______________

h) ______________

i) ______________

Wie heißen die Körperteile?

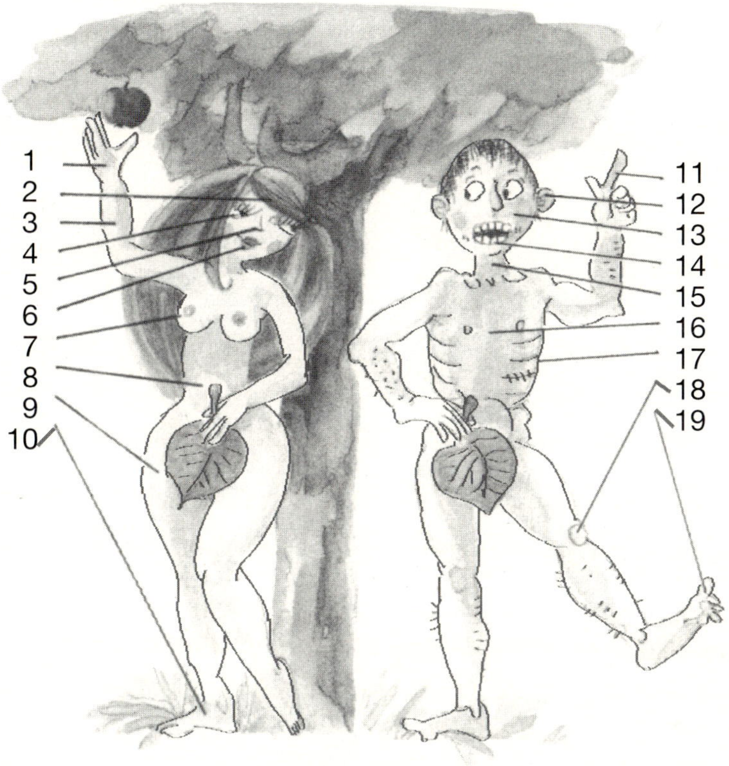

1 ______________________

2 ______________________

3 ______________________

4 ______________________

5 ______________________

6 ______________________

7 ______________________

8 ______________________

9 ______________________

10 ______________________

11 ______________________

12 ______________________

13 ______________________

14 ______________________

15 ______________________

16 ______________________

17 ______________________

18 ______________________

19 ______________________

Dialogübung

Spielen Sie ähnliche Dialoge.

○ Tag, ...

□ Hallo, ...

○ Was hast ... ?

□ Ich habe ...

○ Und was machst ... ?

□ Ich nehme ...

○ Das ist ... Nimm doch ...

□ Danke ...

○ Gute ... !

□ ...

Dialogübung

○ Möchtest du ... ?

□ Nein ... ich ...

○ Warum ... ?

□ Ich habe/bin ...
Der Arzt ...

○ Darfst du denn ... ?

□ Oh ja, das ...

Kaffee – ein Magengeschwür haben – Tee
Eis essen – Durchfall haben – Schokolade
Kuchen – Verstopfung haben – Obst
Schweinebraten – zu dick sein – Salat
Kaffee – nervös sein – Milch
Butter – zuviel Cholesterin haben – Margarine

Dialogübung

○ ((Jochen soll mitspielen))

□ ((hat Fieber, möchte nicht ...))

○ ((findet Fieber nicht schlimm))

□ ((Arzt: soll im Bett bleiben))

○ ((Arzt nicht wichtig))

□ ((hat 39° Fieber, will nicht))

○ ((geht weg, gute Besserung))

Dialogübung

○ ((Roland soll mitspielen))

□ ((hat Halsschmerzen, kann nicht spielen))

○ ((nur Roland kann Trompete spielen))

□ ((möchte gern, aber kann nicht))

○ ((vielleicht am Wochenende keine Schmerzen mehr))

□ ((glaubt es nicht, aber er soll anrufen und fragen))

○ ((geht weg, gute Besserung))

Dialogübung

□

○

□ ((fragt: „Wie geht es Ihnen?“))

○ ((nicht gut, hat Rückenschmerzen, tut sehr weh))

□ ((hat Problem, ein Computerprogramm funktioniert nicht))

○ ((kann nicht kommen, Arzt sagt, soll zu Hause bleiben))

□ ((fragt: „Geht es wirklich nicht, nur drei Stunden?“))

○ ((nein, kann nicht laufen))

□ ((will sie mit dem Auto abholen und nach Hause fahren))

○ ((ist einverstanden, soll in einer Stunde kommen))

□ ((sagt: „Vielen Dank! ... sehr nett, auf Wiederhören!“))

Ein Unglückstag

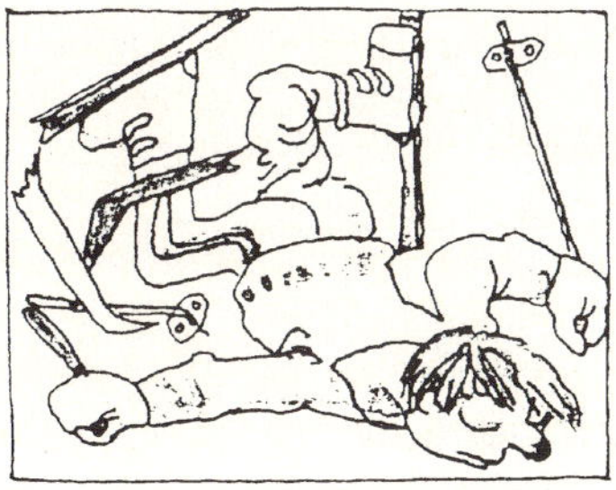

Dialogübung

○ ((Name))

Hier ... Grüß dich!
□ Du ... Was hast ...?
Wir waren ...

Mensch, tut mir leid.
○ Das ...
Da habe ...

schlafen
arbeiten
Besuch haben
schwimmen gehen
lernen
wegfahren
lesen
radfahren
Kopfschmerzen haben
tanzen gehen
Sauna
spazierengehen
fernsehen
einkaufen

Tagebücher

Das ist Sybilles Tagebuch. Was hat Sybille gemacht? Erzählen Sie.

Montag, 7. 3.

mit Gerd abends essen gegangen, war phantastisch, sehr spät ins Bett gegangen

Dienstag, 8. 3.

mit Gerd gefrühstückt, zu spät zur Arbeit gekommen, Claudia getroffen, sie hatte keine Zeit, Briefe geschrieben

Mittwoch, 9. 3.

Wohnung geputzt und aufgeräumt, Abend allein, war langweilig, Gerd angerufen

Donnerstag, 10. 3.

viel gearbeitet, im Kino gewesen, Film war sehr gut, mit Claudia abends einen Wein getrunken

Freitag, 11. 3.

schon um 14.00 Uhr frei gehabt, eingekauft, Englisch gelernt, ferngesehen

Samstag, 12. 3.

lange geschlafen, mit Gerd Mittag gegessen, in die Stadt gefahren, Schuhe gekauft

Sonntag, 13. 3.

spät aufgestanden, Musik gehört, mit Claudia im Wald spazierengegangen, abends mit Gerd Tennis gespielt

Das ist Ihr Tagebuch. Was haben Sie gemacht? Notieren Sie zuerst Stichworte und erzählen Sie dann.

Montag, ________

Dienstag, ________

Mittwoch, ________

Donnerstag, ________

Freitag, ________

Samstag, ________

Sonntag, ________

Lernspiel: Wahrheit oder Lüge

Spielanleitung siehe Seite 83

Lüge eine Freundin besuchen	**Lüge** fotografieren	**Lüge** das Abend-essen machen	**Lüge** die Wohnung aufräumen
Lüge im Park spazieren-gehen	**Lüge** einen Brief schreiben	**Lüge** ins Kino gehen	**Lüge** mein Auto verkaufen
Wahrheit meinen Bruder treffen	**Wahrheit** fernsehen	**Wahrheit** einkaufen	**Wahrheit** das Mittag-essen kochen
Wahrheit Radio hören	**Wahrheit** Deutsch lernen	**Wahrheit** bis Mittag schlafen	**Wahrheit** im Meer schwimmen

Lernspiel: Wahrheit oder Lüge

Wahrheit mit Freunden feiern	**Wahrheit** im Kino sein	**Wahrheit** mit Susanne telefonieren	**Wahrheit** das Geschirr spülen
Wahrheit einen Mantel kaufen	**Wahrheit** Zeitung lesen	**Wahrheit** das Auto waschen	**Wahrheit** mit Bernd im Restaurant essen
Wahrheit tanzen	**Wahrheit** ein Bild zeichnen	**Wahrheit** Koffer packen	**Wahrheit** Fußball spielen
Wahrheit Karin anrufen	**Wahrheit** baden	**Wahrheit** sehr spät aufstehen	**Wahrheit** lange arbeiten

Bilden Sie passende Sätze zu den Bildern.

Das Kind ist ...	Sie geht ...
Sie legt ...	Sie kauft ... ein.
Sie schickt das Kind ...	Der Pullover liegt ...
Das Kind spielt ...	Sie bringt das Kind ...
im Supermarkt	in den Supermarkt
im Bett	ins Bett
im Kinderzimmer	ins Kinderzimmer
in der Kommode	in die Kommode

A B C D E F G H

Der verlorene Sohn

Erzählen Sie die Bildgeschichte.

Bild 1

Fußball spielen
die Fensterscheibe kaputt machen
wütend sein
weglaufen
hinter ihm herlaufen
nicht fangen

Bild 2

ins Haus zurückgehen
Zeitung lesen
auf die Uhr schauen
spät sein

Bild 3

unruhig sein
immer auf die Uhr schauen
im Zimmer hin und her laufen
denken: *Hoffentlich ist nichts passiert?*

Bild 4

Mantel anziehen
aus dem Haus gehen
den Sohn suchen/rufen
nicht finden

Bild 5

traurig sein
nach Hause zurückgehen
ein Ball durch die Fensterscheibe an seinen Kopf fliegen
Sohn schon zu Hause
wieder Fußball spielen
noch eine Fensterscheibe kaputt machen

Bild 6

aus dem Haus kommen
nicht böse sein
sehr froh sein
seinen Sohn in den Arm nehmen

Lernspiel: Was passiert wo?
Spielanleitung siehe Seite 84

Spielkarten:

Stadt-Café	Praxis Dr. Erk	Telefonzelle	Textilgeschäft Sieb
Supermarkt Jäger	Kaufhaus Urban	Ufa-Kino	Volksbank
Autowerkstatt Reich	Sprachschule Berger	Reisebüro Fischer	Bäckerei Hape
Fotostudio Siebert	Park	Hotel zum Löwen	Restaurant Neuwirt

Lernspiel: Was passiert wo?

Spielkarten:

Tennisplatz	Schwimmbad	Bahnhof	Restaurant Adler
Metzgerei Koch	Apotheke	Bahnhof-hotel	Buch-handlung
Getränke-markt Müller	Reinigung Adrett	Nachtclub Europa	Discothek 2000
Post	Stadt-bibliothek	Rathaus	City-Parkplatz

Lernspiel: Was passiert wo?

Aufgabenkarten:

Tennis spielen schwimmen gehen eine Fahrkarte kaufen zu Mittag essen zwei Koteletts kaufen übernachten Kopfschmerztabletten kaufen ein Buch kaufen	eine Kiste Mineralwasser kaufen einen Mantel reinigen lassen spät nachts noch tanzen und etwas trinken Briefmarken kaufen ein Buch leihen einen Paß brauchen mein Auto parken tanzen gehen
ein Stück Kuchen essen und eine Tasse Kaffee trinken einen Arzt brauchen telefonieren einen Pullover kaufen Lebensmittel einkaufen einen Kugelschreiber und eine Taschenlampe kaufen einen Film sehen Geld holen	das Auto reparieren lassen Deutsch lernen ein Flugticket kaufen 5 Brötchen kaufen ein Paßfoto machen lassen spazierengehen übernachten zu Abend essen

Dialogübung

○ □

○ Was brauchen/ müssen ... ?

□ ...

○ Wo ... ?

□ In ... /Auf ...

○ Und wo ist das?

□ In der ... /Am ...

○ Also, ich ... Und du ?

□ Ich ...

Wie soll er fahren?

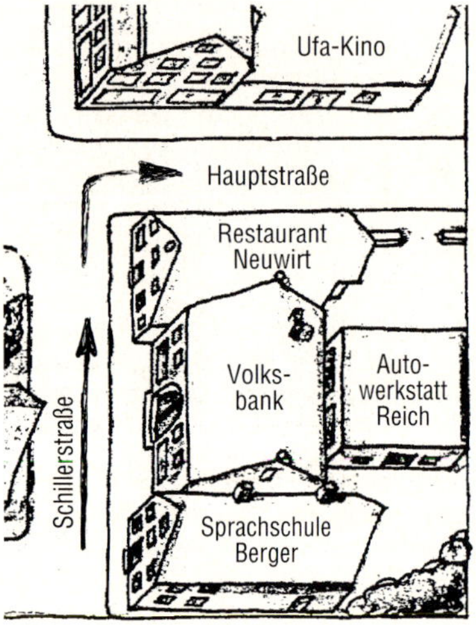

Fahren Sie ________
und dann _________
______ ______
Hauptstraße.

Wo ist die Volksbank?

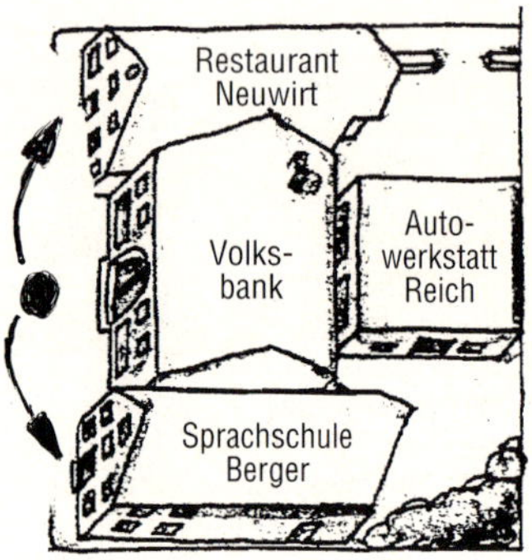

Die Volksbank ist
_________ ________
Restaurant Neuwirt
und _____ Sprach-
schule Berger.

Wo ist das Reisebüro Fischer?

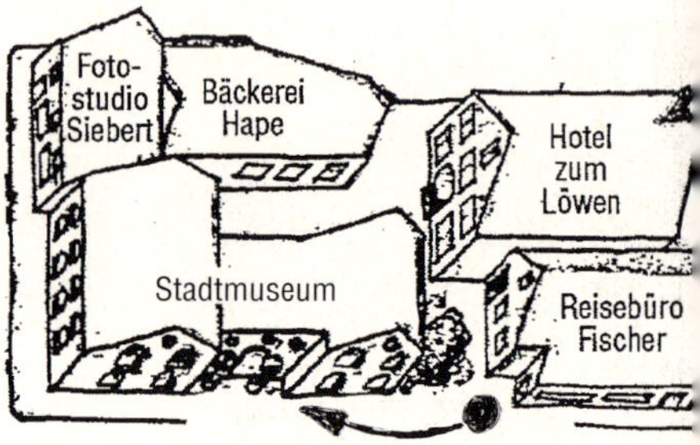

Das Reisebüro
Fischer ist _____
_____ Stadtmuseum.

Wo ist die Buchhandlung?

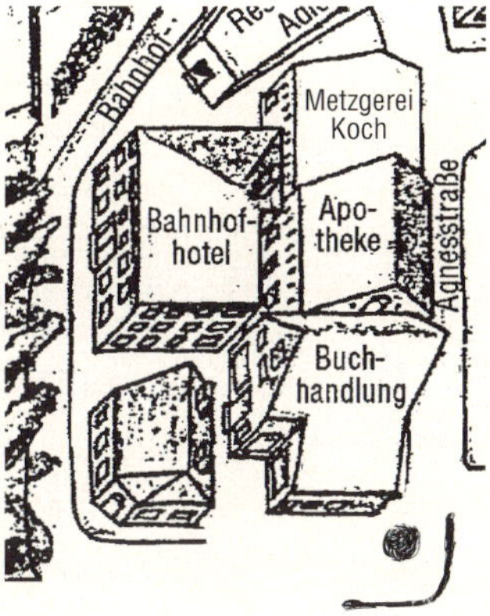

Die Buchhandlung ist _____ _____ Ecke.

Wo ist das Ufa-Kino?

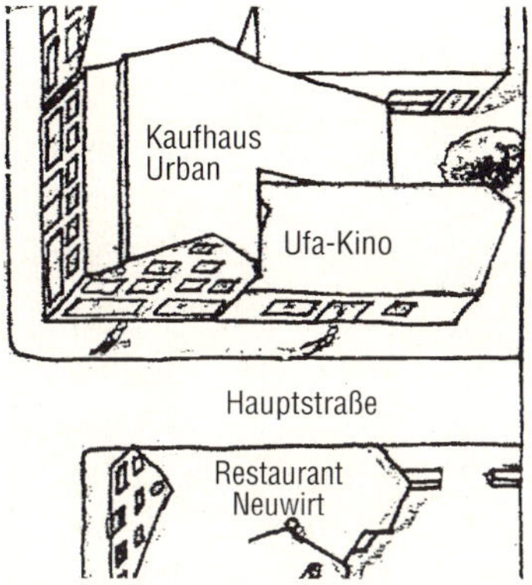

Das Ufa-Kino ist _____ _____ Hauptstraße rechts _____ _____ Kaufhaus Urban.

Wie soll er gehen?

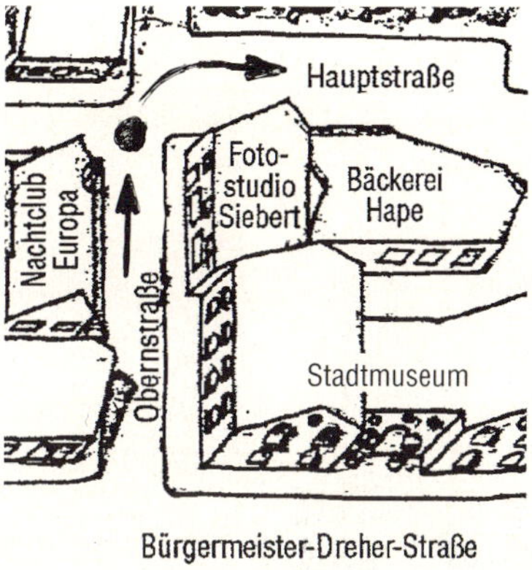

Gehen Sie ________ _____ _____ Fotostudio. Dort _____ _____ Ecke dann rechts _____ _____ Hauptstraße.

•••••► Gespräch 1 (zum Rathaus)

-----► Gespräch 2 (zur Volksbank)

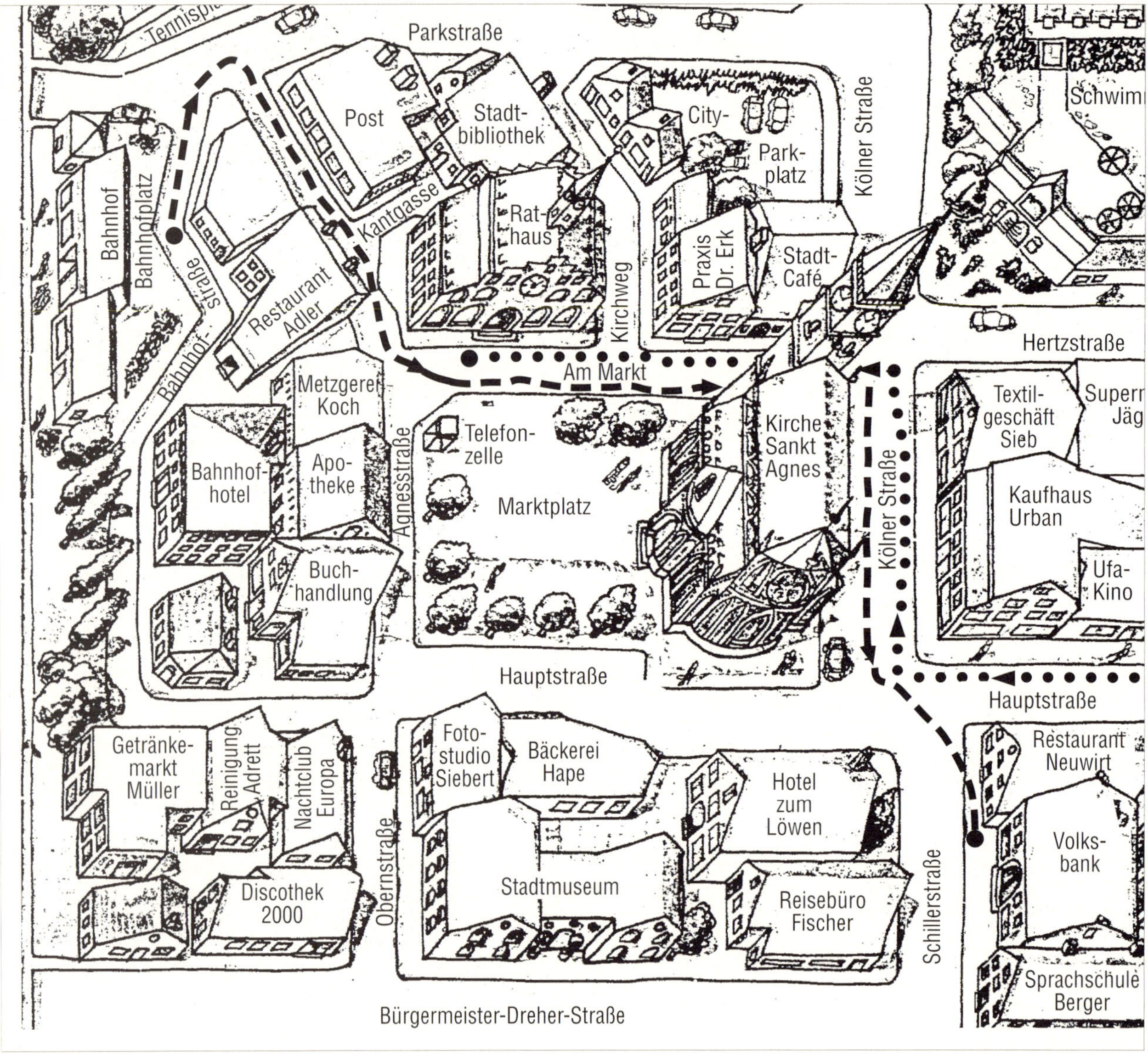

an, auf, hinter, in, neben, über, unter, vor, zwischen

vor

neben

über

unter

in

auf

an

hinter

zwischen

57a Lektion 9
zu Übung 1, Seite 106

Wortbingo

Spielanleitung siehe Seite 82

Wortbingo

Nominativ, Akkusativ, Dativ

Schauen Sie die Zeichnungen genau an. Beschreiben Sie sie mit einem kurzen Satz.

Wann brauchen Sie für den Satz

A nur einen Nominativ?

B einen Nominativ und einen Akkusativ?

C einen Nominativ, einen Akkusativ und einen Dativ?

Kreuzen Sie an.

A ☐ B ☐ C ☐

A ☐ B ☐ C ☐

A ☐ B ☐ C ☐

A ☐ B ☐ C ☐

A ☐ B ☐ C ☐

A ☐ B ☐ C ☐

Schreiben Sie einen Comic.

	a) Tisch
Bild 1	niedrig – hoch
Bild 2	schmal – breit
Bild 3	die Platte: dünn – dick

Dialogübung

□ ○

○ Welche- ... empfehlen?

□ Den/Die/Das ...

○ Und warum?

□ Der/Die/Das ist ...

Dialogübung

○ □

○ Guten ... ! Ich ...
Können ... zeigen?

□ Ja ... Gefällt ...?
... kostet ...

○ Nicht ...
Haben Sie ... ?

□ Ja, ... Der/Die/Das
ist ... . kostet ...

○ ... gefällt ... besser,
... nehme ...

62

Syntaxschema

Vorfeld	Verb	Subj.	Ergänzung	Angabe	Ergänzung

Syntaxschema

Vorfeld	Verb $_1$	Subj.	Ergänzung	Angabe	Ergänzung	Verb $_2$

Buchstabenbingo
(Vorlage 4 a+b, Seite 11/12)

Spielanleitung

Die KT spielen in Gruppen (6 bis 8 Spieler) oder im Plenum. Jeder KT erhält eine Bingokarte mit dem vollständigen deutschen Alphabet und 30 Kärtchen zum Abdecken von einzelnen Buchstaben. (Dieses Spielmaterial muß vorher in ausreichender Menge kopiert oder abgezeichnet werden. Es ist besser verwendbar, wenn die einzelnen Teile auf leichten Karton aufgeklebt und dann ausgeschnitten werden.) Vor Beginn des Spiels deckt jeder KT 12 beliebige Buchstaben ab, die restlichen Abdeckkärtchen behält er in der Hand. Der KL ruft dann in willkürlicher Reihenfolge Buchstaben des Alphabets auf. (Damit er keinen Buchstaben vergißt oder doppelt nennt, streicht er auf einer Bingokarte die genannten Buchstaben jeweils nach ihrer Nennung aus.) Wird ein Buchstabe aufgerufen, der auf der Bingokarte eines KT noch nicht verdeckt ist, dann darf er diesen mit einem seiner restlichen Kärtchen abdecken. Der Spieler, der alle Buchstaben zuerst abgedeckt hat und dann „Bingo" ruft, ist der Sieger.

Dieses Spiel wurde der Spielesammlung *Word Bingo* von *Don Byrne (Max Hueber Verlag 1980)* entnommen.

Zahlenbingo
(Vorlage 5 a+b, Seite 13/14)

Spielanleitung

Jeder KT erhält eine (möglichst vergrößert fotokopierte oder abgezeichnete) Bingokarte und trägt darin in willkürlicher Reihenfolge die Zahlen 1 bis 100 in die Kästchen ein. Der KL füllt ebenfalls eine Karte mit den Zahlen 1 bis 100 aus, zerschneidet sie in ihre Teile, legt diese in ein Kästchen und mischt sie. Dann zieht er aus dem Kästchen jeweils eine Zahl, ruft sie zweimal oder dreimal laut aus und legt sie neben sich auf den Tisch. Die KT kreuzen die genannten Zahlen auf ihren Bingokarten an. Derjenige KT, der zuerst eine waagerechte, senkrechte oder diagonale Linie angekreuzter Zahlen auf seiner Bingokarte erhält und dann „Bingo" ruft, hat das Spiel gewonnen. Zur Kontrolle werden die auf dem Tisch liegenden Zahlen und die angekreuzten Zahlen verglichen. Das Spiel kann verlängert werden, indem man einen zweiten, dritten oder weitere Sieger ermittelt.

Wortbingo
(Vorlage 32 a+b, Seite 43/44 und
Vorlage 57 a+b, Seite 74/75)

Spielanleitung

Das Spiel wird entsprechend den Regeln von Buchstaben- und Zahlenbingo (s. o.) gespielt.

Lernspiel: Wer ist wer?
(Vorlage 8 a+b, Seite 17/18)

Spielanleitung

Das Lernspiel ist für minimal 5 bis maximal 7 Teilnehmer geeignet. Jeder KT bekommt ein Spielblatt und erhält den Auftrag, die Rolle einer der sieben Personen aus der Lösungstabelle (S. 18) zu übernehmen. Die Daten für diese „neue Identität" und die zugehörige Spielernummer hat der KL vorher aus der Lösungstabelle entnommen und in die obere Tabelle auf dem Spielblatt handschriftlich eingetragen. Die ihnen zugewiesene Spielernummer schreiben die KT auf ein Blatt und heften dieses an ihre Kleidung. Die KT fragen nun einander nach Wohnort, Beruf, Hobby, Alter, Familienstand, Kinderzahl, aber **nicht nach dem Namen** und füllen das Spielblatt aus. Ziel des Spiels ist es, anhand der gefundenen Informationen und der Lösungstabelle die Namen der anderen Teilnehmer zu erschließen. Es muß also besonders darauf hingewiesen werden, daß die KT weder nach dem Namen fragen noch auf eine entsprechende Frage antworten dürfen.

Dieses Spiel wurde nach dem Muster des Spiels *Who's who?* aus der Spielesammlung *Activity Pack Elementary* von *David Birt* und *Mark Fletcher (Edward Arnold Publishers, London 1981)* entwickelt.

Quartettspiele

Quartettspiel
(Vorlage 35 a+b, Seite 47/48)

Material

Vorlagen je zweimal kopieren und auf Karton aufkleben, dann die Karten ausschneiden.

Anleitung

Gespielt wird in Gruppen mit vier Spielern. Die gut gemischten Karten werden gleichmäßig an alle Spieler verteilt. Je vier Karten, die zusammengehören, bilden ein Quartett, das jeweils im oberen Teil der Karten abgebildet ist. Ziel des Spiels ist es, möglichst viele Quartette zu erhalten. Der jüngste Spieler beginnt. Er hat z. B. bereits eine Karte mit einem Regal und eine mit einer Kommode, also ein halbes Quartett, und fragt deshalb irgendeinen seiner Mitspieler:

Hast du einen Schrank?

Wenn dieser die Karte hat, antwortet er:

Ja, ich habe einen.

und gibt ihm die Karte.
Hat er die Karte nicht, antwortet er:

Nein, ich habe keinen.

Ein Spieler darf so lange weiterfragen, bis er von einem anderen Spieler eine negative Antwort bekommt. Dann ist dieser an der Reihe und darf nach fehlenden Karten fragen und so weiter. Das Spiel ist zu Ende, wenn alle Quartette (in diesem Fall 4 doppelte = 8) zusammen sind.

Das Quartett ist nicht nur eine Wortschatzübung, sondern trainiert auch den richtigen Gebrauch der Indefinitpronomen im Akkusativ. Der KL sollte deshalb auf dem Gebrauch der genannten Fragen und Antworten bestehen.

Quartettspiel
(Vorlage 35 a+b, Seite 47/48)

Das Spiel läuft im Prinzip genauso wie oben, jedoch wird diesmal nur mit 4 Quartetten (also 16 Karten) gespielt. Die Spieler sollen jetzt den Gebrauch der Definitpronomen üben. Sie müssen deshalb nach folgendem Muster fragen:

Hast du den Schrank?

und antworten entweder mit

Ja, den habe ich. oder mit *Nein, den habe ich nicht.*

Lernspiel: Wahrheit oder Lüge
(Vorlage 49 a+b, Seite 62/63)

Material

32 Spielkarten (auf Karton geklebt und ausgeschnitten)

Anleitung

Gespielt wird in Gruppen zu 4 Spielern. Jeder Spieler erhält 8 Karten, die vorher gut gemischt wurden und den Mitspielern nicht gezeigt werden dürfen. Sieger ist derjenige Spieler, der keine Karten mehr hat. Wird das Spiel vorher abgebrochen, gewinnt derjenige Spieler, der am wenigsten Karten hat. Der jüngste Spieler beginnt und fragt seinen Mitspieler links von ihm:

Was hast du gestern gemacht?

Der wählt eine Karte aus und antwortet entsprechend der Vorgabe auf der Karte, z. B.

Ich habe eine Freundin besucht.

und legt die Karte verdeckt auf den Tisch. Der fragende Spieler muß jetzt entscheiden, ob er ihm glaubt oder nicht. Er sagt entweder

Ich glaube, du lügst. oder *Ich glaube, du sagst die Wahrheit.*

Sagt er *Ich glaube, du sagst die Wahrheit.* und bei der Karte handelt es sich um eine Lügenkarte, muß er die Karte nehmen, ohne sie den anderen Spielern zu zeigen und dann weiterfragen. Er muß ebenfalls die Karte nehmen, wenn er sagt *Ich glaube, du lügst.* und es handelt sich um eine Wahrheitskarte. Sagt er aber *Ich glaube, du lügst.* und die Karte auf dem Tisch ist wirklich eine Lügenkarte, muß der Mitspieler die Karte wieder zurücknehmen und dann den nächsten Spieler fragen. Es ist wichtig, daß jeder Spieler gleich häufig die Rolle des fragenden Spielers übernimmt.

Lernspiel: Was passiert wo?
(Vorlage 52 a+b+c, Seite 66/67/68)

Material

32 Spielkarten mit den Institutionen aus dem Stadtplan auf Seite 94 im Kursbuch, 4 Aufgabenkarten mit je acht Tätigkeiten bzw. Besorgungen, der Stadtplan von Neustadt auf Seite 94 im Kursbuch.

Anleitung

Gespielt wird in Gruppen zu vier Spielern. Jeder Spieler erhält acht Spielkarten und eine Aufgabenkarte. Die Mitspieler dürfen diese Karten nicht sehen. Zunächst prüft jeder Spieler, zu welchen auf der Aufgabenkarte genannten Tätigkeiten bzw. Besorgungen er noch keine Spielkarte mit der passenden Institution hat. Achtung: Zu einigen Tätigkeiten auf der Aufgabenkarte können zwei oder auch drei Institutionen passen. Zum Beispiel paßt die Besorgung *einen Pullover kaufen* zu den Institutionen *Kaufhaus Urban* und *Textilgeschäft Sieb.* Ziel des Spiels ist es, sich wie bei Quartettspielen die noch fehlenden Karten durch Erfragen von den Mitspielern zu holen. Welche Institutionen auf den Karten vorhanden sind, können die Spieler aus dem Stadtplan von Neustadt auf Seite 94 im Kursbuch entnehmen.

Der jüngste Spieler beginnt und fragt irgendeinen anderen Mitspieler nach einer gesuchten Karte. Hat dieser die Karte, muß er sie dem fragenden Spieler geben, der so lange weiterfragen darf, bis ein Spieler eine gesuchte Karte nicht hat. Dieser ist dann an der Reihe und darf nach fehlenden Karten fragen.

Hinweise zur Grammatik

Allgemeine Vorbemerkung:

Es gibt viele verschiedene Methoden, eine Fremdsprache erfolgreich zu lernen. Eine alte und immer noch sehr beliebte Methode ist der Grammatikunterricht. Sie geht davon aus, daß umfassende und bewußte Kenntnisse der grammatischen Regeln die wichtigste Voraussetzung für einen erfolgreichen Fremdsprachenerwerb ist. Die Praxis hat jedoch gezeigt, daß ein Übermaß an theoretischen Grammatikerläuterungen das eigentliche Ziel, nämlich den Erwerb von praktischen Fertigkeiten in der Fremdsprache, stark behindert. Genauso wie andere praktische Fertigkeiten, z. B. Segeln oder ein Handwerk, wird auch Sprache primär durch Training und Ausprobieren gelernt und nur zu einem geringen Teil auch durch theoretische Erklärungen. Auf die Theorie kann man sogar zur Not verzichten, nicht aber auf das praktische Training. Es scheint jedoch so zu sein, daß theoretische Erklärungen, die einfach formuliert sind, sich auf konkrete praktische Probleme beziehen und sich auf die wesentlichen Aspekte beschränken, den Erwerb von praktischen Fähigkeiten beschleunigen können. Für den Sprachunterricht bedeutet das, daß man Grammatik nicht vollständig und nicht um ihrer selbst vermitteln, sondern Grammatikerläuterungen nur zur Hilfe bei der Lösung von Lernproblemen einsetzen sollte.

→ GR 1

Zu Seite 8 und 9

In den Sätzen der Übungen 1–3 kommen drei wichtige Satzformen des Deutschen vor: Aussagesatz, Wortfrage und Satzfrage, z. B.:

Ich heiße Lüders.
Wer ist Herr Abel?
Sind Sie Frau Beier?

Obwohl die Syntax hier aus methodischen Gründen noch nicht im Vordergrund stehen sollte (spezielle Übungen und mehr Satzbeispiele folgen später), werden sich Fragen einzelner KT zur Wortstellung nicht immer abweisen lassen. Sofern hier Erklärungen gewünscht sind, schlagen wir folgende Schritte vor:

– Folgende Sätze in der angegebenen Form anschreiben:

Ich	*heiße*		*Sabine Sauer.*
	Sind	*Sie*	*Frau Beier?*
Wer	*ist*	*Herr Abel?*	

– KT zu den drei Satzformen je zwei zusätzliche Beispiele suchen lassen.

– Erläutern, daß das Verb immer an derselben Stelle im Schema steht. Noch nicht auf andere Details der Satzstrukturen, speziell die Begriffe „Vorfeld“ und „Ergänzung“, eingehen. Dafür gibt es noch nicht genügend Beispielsätze. Das Tafelbild ist erfahrungsgemäß ausreichend selbsterklärend. Die folgenden ersten Hypothesen, die die KT aus dem Tafelbild gewinnen können, reichen aus:
  Aussagesatz → Subjekt vor dem Verb;
  Satzfrage → Stelle vor dem Verb ist nicht besetzt, Subjekt nach dem Verb;
  Wortfrage → Fragewort vor, Subjekt nach dem Verb.
  Daß die Hypothese zum Aussagesatz nicht generell gilt, werden die KT später bemerken. Obwohl in Übung 1 der Satz *Das bin ich.* vorkommt, möglichst noch nicht auf das Phänomen der Stellung des Subjekts nach dem Verb (im Aussagesatz) eingehen.

→ GR 2

Zu Üb. 12 u. 13, Seite 13

Erfahrungsgemäß macht einigen KT die Unterscheidung zwischen dem Personalpronomen in der 3. Person Singular und Plural Schwierigkeiten. Das folgende Tafelbild kann hier eine Hilfe sein:

Sven: ***er*** *wohnt* *Sven und Julia:* ***sie*** *wohn****en***
Julia: ***sie*** *wohnt* *ihre Eltern:* ***sie*** *arbeit****en***

→ GR 3

Zu Üb. 18, Seite 17

An dieser Stelle ist es jetzt möglich, den KT die Wortstellung im Aussagesatz, in der Wort- und in der Satzfrage näher zu erläutern:

– Folgendes Schema anschreiben:

Vorfeld	Verb	Subjekt	Angabe	Ergänzung
John	*kommt*			*aus Neuseeland.*
Er	*wohnt*		*jetzt*	*in Deutschland.*
Jetzt	*wohnt*	*er*		*in Deutschland.*
	Kommt	*John*		*aus Neuseeland?*
	Wohnt	*er*	*jetzt*	*in Deutschland?*
Woher	*kommt*	*John?*		
Wo	*wohnt*	*er*	*jetzt?*	
Wer	*kommt*			*aus Neuseeland?*

– Schema erläutern:

Ein deutscher Satz hat mindestens drei Bestandteile: ein Verb, ein Subjekt und eine Ergänzung. (Es gibt Verben, die ohne Ergänzung stehen können, diese Fälle können und sollen hier aber noch nicht behandelt werden.) Eine Angabe ist nicht unbedingt notwendig.

Da man an dieser Stelle noch nicht auf die Begriffe „Subjekt", „Vorfeld", „Angabe", „Ergänzung" differenziert eingehen kann, sollte man die folgende linguistisch zwar etwas unsaubere, aber in diesem Lernstadium leicht verständliche Regelformulierung benutzen: In Satzfragen steht kein Satzteil vor dem Verb. In Wortfragen steht vor dem Verb ein Fragewort. Im Aussagesatz steht vor dem Verb einer der Satzteile (Subjekt, Angabe, Ergänzung).

Nicht zu viele, zu lange und zu umfassende Erläuterungen geben, da die bisher in den Beispielsätzen vorgekommenen Strukturen noch keine lückenlose Erklärung erlauben. Das Schema ist meist schon ausreichend selbsterklärend. Es reicht, wenn die KT über eine Hypothese verfügen, die nur das vorliegende Sprachmaterial erklärt.

– Zusatzübung:

Das obige Schema als Leerschema anschreiben oder von der Vorlage 62 (S. 80) kopieren und folgende Sätze einordnen lassen:

Monika studiert Medizin.
Studiert Monika Medizin?
Wer studiert Medizin?

Sie lebt jetzt in Hamburg.
Lebt sie jetzt in Hamburg?
Wo lebt sie jetzt?
Wer lebt jetzt in Hamburg?

– Den KT zeigen, was alles Ergänzung sein kann. Auch dies demonstriert man am besten durch die Aufgabe an die KT, die folgenden Sätze in ein Leerschema einzuordnen:

Das ist Lea.
Ich heiße Lüders.
Er wohnt in Erfurt.
Sven kommt aus Schweden.
Sie ist verheiratet.
Katja ist Ärztin.
Monika studiert Medizin.

Nur bei Lernern mit guten grammatischen Grundkenntnissen sollte man die verschiedenen Ergänzungen begrifflich unterscheiden. (Siehe dazu die §§ 39–47 im KB S. 143–146.) Erfahrungsgemäß ist das in den meisten Fällen jedoch keine große Lernhilfe. Durch Bildung von grammatisch falschen Sätzen kann man erläutern, daß das Verb bestimmt, welche Ergänzungen möglich sind, z. B.:

**Er kommt in Erfurt.*
**Katja heißt Ärztin.*
**Monika wohnt verheiratet.*

Durch die Aufforderung, richtige Ergänzungen zu nennen, erkennen die KT dann schnell den engen Zusammenhang zwischen Verb und Ergänzung.

➔ GR 4

Zu Seite 22 und 23

Das Genus eines Nomens ist für Lerner meist an der Form des Nomens nicht erkennbar. Es gibt zwar Regeln, sie sind aber zu schwierig, zu zahlreich und nicht umfassend genug, um hilfreich zu sein. Die KT deshalb darauf hinweisen, daß sie mit einem Nomen immer auch gleichzeitig seinen Artikel im Nominativ Singular als Erkennungszeichen für das Genus mitlernen müssen.

➔ GR 5

Zu Seite 24

Als Lernhilfe sollte man die KT darauf aufmerksam machen, daß sie den richtigen Indefinitartikel aus ihrer Kenntnis des Definitartikels ableiten müssen. Das folgende Tafelbild kann das verdeutlichen:

		Das ist ...
der Schrank	➔	*ein Schrank.*
die Spüle	➔	*eine Spüle.*
das Regal	➔	*ein Regal.*

Die Sätze im Text demonstrieren eine wichtige Funktion des Indefinitartikels: Er wird verwendet, wenn man die generelle Art eines Gegenstandes angeben, ihn also klassifizieren möchte.

➔ GR 6

Zu Üb. 3, Seite 25

Eine zweite wichtige Funktion des Indefinitartikels wird in Übung 3 demonstriert: Den Indefinitartikel verwendet man, wenn man über einen Gegenstand etwas sagen möchte, der unbekannt ist, d. h. in einem Text oder Gespräch noch nicht erwähnt wurde und deshalb zunächst als Rhema eingeführt werden muß. Ist der Gegenstand dann bekannt, verwendet man im Fortlauf des Textes den Definitartikel oder das Personalpronomen. Numerus und Genus der Artikel und des Personalpronomens müssen dabei immer dem Numerus und Genus des Nomens entsprechen.

➔ GR 7

Zu Seite 29

Wie mit dem Indefinitartikel kann man mit dem Possessivartikel ein Rhema einführen, das dann im Fortgang des Textes z. B. mit dem Personalpronomen als Thema (d. h. als jetzt bekanntes Thema) identifiziert wird. Numerus und Genus des Possessivartikels und des Personalpronomens müssen gleich sein.

➔ GR 8

Zu Üb. 1, Seite 35

Der Akkusativ ist ein wichtiger Objektkasus im Deutschen. Er bezeichnet das direkte Objekt, das von einer Handlung oder Aktion betroffen ist oder dadurch geschaffen oder verändert wird. Diese Bedeutung wird in Sätzen mit den Verben „essen" und „trinken" besonders deutlich, weil die starke Objektbezogenheit dieser Verben auch gestisch und mimisch gut darstellbar ist.

Den Unterschied zwischen den Funktionen (und Formen) des Nominativs und des Akkusativs kann man durch folgendes Tafelbild verdeutlichen (das Verb *„schmecken"* muß dazu neu eingeführt werden):

Ein Hamburger	*schmeckt gut.*	➔	*Franz*	*ißt*	*einen Hamburger*
Eine Pizza	*schmeckt gut*	➔	*Er*	*ißt*	*eine Pizza.*
Ein Brötchen	*schmeckt gut*	➔	*Er*	*ißt*	*ein Brötchen.*

Die Wahl des richtigen Kasus hängt vom Verb ab. Die KT müssen sich besonders diejenigen deutschen Verben merken, die in ihrer Muttersprache mit einem anderen Kasus oder einer anderen Konstruktion verwendet werden.

→ GR 9

Zu Üb. 2, Seite 35

Die Sätze in Übung 2 bieten jetzt die Gelegenheit, auf die bisher bekannten Möglichkeiten der Besetzung des Vorfeldes genauer einzugehen. Dafür kann man folgendes Tafelbild verwenden.
Der letzte Satz wurde hier aus erklärungstechnischen Gründen ergänzt, obwohl bisher die Möglichkeit der Voranstellung der Ergänzung durch Beispiele aus dem Buch noch nicht ausreichend belegt ist:

Vorfeld	**Verb**	**Subjekt**	**Angabe**	**Ergänzung**
Morgens	*ißt*	*Franz*		*ein Brötchen mit Butter.*
Franz	*ißt*		*morgens*	*ein Brötchen mit Butter.*
Ein Brötchen mit Butter	*ißt*	*Franz*	*morgens.*	

Durch das Schema und zusätzliche Erläuterungen des KL sollen die KT folgende vereinfachende Faustregel erwerben: Ein deutscher Aussagesatz hat vier Satzteile: Verb, Subjekt, Angabe und Ergänzung. Das Verb steht immer an derselben Stelle. Die übrigen Teile stehen entweder im Vorfeld oder an ihrer spezifischen Stelle.
Wird die Angabe bzw. die Ergänzung vorangestellt, so ergibt sich daraus eine Verlagerung der Betonung. Eine feste Regel dazu läßt sich nicht aufstellen. Hier spielt der Textzusammenhang eines Satzes die entscheidende Rolle.

→ GR 10

Zu Üb. 4, Seite 36

Bei Substanz- und Stoffbezeichnungen steht im Deutschen kein Artikel. Dieser Hinweis ist besonders für Lerner wichtig, deren Muttersprache hierfür einen spezifischen Artikel oder andere grammatische Formen verwendet oder deren Muttersprache überhaupt keine Artikel verwendet.

→ GR 11

Zu Üb. 5, Seite 36

Die verschiedenen Möglichkeiten der Stellung der Angabe lassen sich gut durch folgendes Tafelbild deutlich machen:

Morgens	*trinke*	*ich*	*meistens*	*Kaffee.*
Meistens	*trinke*	*ich*	*morgens*	*Kaffee.*
Ich	*trinke*		*morgens meistens*	*Kaffee.*

Im Vorfeld kann nur ein Element stehen.

→ GR 12

Zu Üb. 14, Seite 40

Die Satzstellung in Imperativsätzen ist sehr strikt. Es gibt nur die in § 34 im Kursbuch S. 141 angeführten Möglichkeiten.

→ GR 13

Zu Üb. 5, Seite 48

Mit der Einführung von Sätzen mit Modalverben wird das Satzschema um die zweite Verbstelle ergänzt und damit vervollständigt. Zur Erläuterung des Schemas folgendes Tafelbild anschreiben:

Vorfeld	Verb$_1$	Subjekt	Angabe	Ergänzung	Verb$_2$
Hier	*kann*	*man*		*Bücher*	*lesen.*
Man	*kann*		*hier*	*Bücher*	*lesen.*
Hier	*muß*	*man*	*leise*		*sprechen.*
Man	*muß*	*hier*	*leise*		*sprechen.*

Typisch für die Struktur deutscher Sätze sind die festen Positionen der beiden Verbteile, die quasi eine Satzklammer bilden. Die anderen Teile stehen an ihrem spezifischen Platz oder im Vorfeld.

Zusatzübung: Das obige Schema als Leerschema anschreiben oder von der Vorlage 63 (S. 81) kopieren und die von den KT in Übung 5 gebildeten Sätze einordnen lassen.

➔ GR 14

Zu Üb. 7, Seite 49

Wie das Modalverb und der zugehörige Infinitiv bilden auch die trennbaren Verben eine Satzklammer: Der flektierte Teil steht an Position Verb$_1$, das Präfix an Position Verb$_2$. Auch hier bietet es sich an, die syntaktischen Zusammenhänge anhand eines Satzschemas wie oben zu verdeutlichen.

➔ GR 15

Zu Arbeitsbuch Üb. 9 B, Seite 46

Die Übung 9 B im Arbeitsbuch S. 46 verdeutlicht noch einmal die Satzklammer in Sätzen mit Modalverben und trennbaren Verben.

➔ GR 16

Zu Üb. 19, Seite 53

Bisher waren Ergänzungen entweder Nomen (mit Artikel), Pronomen, Eigennamen, Adjektive oder Phrasen aus Präposition und Nomen. In Übung 19 Kursbuch S. 53 kommt zum ersten Mal ein Verb als Ergänzung vor:

Ich möchte gern tanzen gehen.

Diese Satzstruktur ist erfahrungsgemäß nicht unmittelbar verständlich, zumal im Beispielsatz, bedingt durch das Modalverb, am Ende ein doppelter Infinitiv steht. Einige Lerner tendieren dazu, in Analogie zu Sätzen mit Modalverben, den Infinitiv am Ende an die zweite Verbstelle zu setzen. Die syntaktischen Zusammenhänge sollten deshalb anhand des folgenden Satzschemas demonstriert werden:

Vorfeld	Verb$_1$	Subjekt	Angabe	Ergänzung	Verb$_2$
Ich	*gehe*		*gern*	*tanzen.*	
Tanzen	*gehe*	*ich*	*gern.*		
Ich	*möchte*		*gern*	*tanzen*	*gehen.*
Tanzen	*möchte*	*ich*	*gern*		*gehen.*

➔ GR 17

Zu Üb. 4, Seite 59

Indefinitpronomen verwendet man in Texten, um sich auf schon vorher erwähnte Nomen (mit Indefinitartikel) zu beziehen. Die Formen der 3. Person Singular Neutrum *(eins/keins)* stellen oft ein Lernproblem dar, weil hier ein *-s* angehängt werden muß. Dies ist im Gegensatz zu *einen/keinen* und *eine/keine* erforderlich, weil sonst im Neutrum das Genuszeichen fehlen würde.

➔ GR 18

Zu Arbeitsbuch Üb. 5, Seite 57

Für die Übung 5 im Arbeitsbuch S. 57 wird folgendes Verfahren empfohlen:

- KT lesen die beiden Beispieldialoge.
- KL erläutert, daß man bei Substanz- und Stoffbezeichnungen im Singular statt der Pronomen *einen/eine/eins* die Pronomen *welchen/welche/welches* verwendet.
- KT vervollständigen die Beispiele zu den Dialogen a) und b) und schreiben die Dialoge zu c), d) und e). KL korrigiert.

- KL spielt mit einem KT das Dialogmodell a) mit dem Beispiel c) vor.
- Partnerarbeit: KT spielen die Dialoge f) bis k). KL achtet auf die richtige Wahl des Dialogmodells und den richtigen Gebrauch der Indefinitpronomen.
- Beispiele l) bis q) als Hausaufgabe.

→ GR 19

Zu Üb. 5, Seite 60

Definitpronomen werden vor allem in der gesprochenen Sprache benützt. Man verwendet sie insbesondere dann, wenn sie Dinge benennen und gleichzeitig auch noch eine demonstrative Funktion wie im Dialog in Übung 5 haben. (Die genaue Unterscheidung zwischen Definit- und Demonstrativpronomen ist ein linguistisches Detailproblem, das für den Lernprozeß unwichtig ist.) Wenn im Vorfeld eines Aussagesatzes ein Pronomen steht, dann benützt man sehr häufig das Definit- und nicht das Personalpronomen. (Das Personalpronomen *es* im Akkusativ muß im Vorfeld sogar zwingend durch *das* ersetzt werden.) In Folgeäußerungen tendiert man dazu, beim Definitpronomen zu bleiben. Auf Personen bezogen kann das Definitpronomen Geringschätzung ausdrücken. Im Zweifelsfall sollte man deshalb lieber das Personalpronomen gebrauchen.

→ GR 20

Zu Üb. 16, Seite 65

Die Präpositionen *an, auf, hinter, neben, in, über, unter, vor, zwischen* werden nicht als Wechselpräpositionen eingeführt, sondern in Verbindung mit dem Dativ. Sie geben dann die Position eines Gegenstandes an. Auf Seite 64 und 65 werden zunächst nur die Präpositionen *in, an, auf* eingeführt, die übrigen folgen in Lektion 8.

Die lokalen Präpositionen in der Muttersprache der KT und die deutschen Präpositionen können starke Bedeutungsunterschiede oder, was fast noch verwirrender ist, z. T. gleiche und z. T. verschiedene Aspekte aufweisen. Noch schwieriger sind die Präpositionen für Lerner, deren Muttersprachen keine Präpositionen kennen. Bei der Lösung derartiger Lernprobleme muß der KL durch detaillierte Erläuterungen helfen.

Eine Ortsbezeichnung mit den genannten Präpositionen kann im Satz je nach dem benutzten Verb eine Angabe oder eine Ergänzung sein, z. B.:

Vorfeld	Verb$_1$	Subj.	Angabe	Ergänzung	Verb$_2$
Sie	*wohnt*		*schon lange*	*in der Wohnung.*	
Man	*darf*		*in der Wohnung*	*Musik*	*machen.*

→ GR 21

Zu Üb. 1, Seite 70

Der Hinweis auf die Gleichheit der Endungen der Possessivartikel *(mein/dein/sein/ihr)* und der Indefinitartikel *(eine/ein)* ist eine große Lernhilfe.

→ GR 22

Zu Üb. 5, Seite 73

Für viele Lerner ist die Unterscheidung zwischen den Bedeutungen von *müssen* und *sollen* ein Problem. Mit *sollen* wird ausdrücklich betont, daß die Verpflichtung zu einer Handlung auf eine Aufforderung, einen Rat oder einen Befehl einer anderen Person zurückgeht und nicht auf eine physische Notwendigkeit oder Zwang.

Diese Unterscheidung wird in der Alltagssprache jedoch nicht durchgängig gemacht. Es wird häufig *müssen* statt *sollen* verwendet.

→ GR 23

Zu Üb. 15, Seite 76

In Sätzen im Perfekt bilden die Hilfsverben *haben* bzw. *sein* und das Partizip eine Satzklammer. Diese Struktur ist den KT bei Sätzen mit Modalverben und trennbaren Verben bereits bekannt. Anhand des folgenden Satzschemas sollte sie aber noch einmal verdeutlicht werden.

Vorfeld	**Verb$_1$**	**Subjekt**	**Angabe**	**Ergänzung**	**Verb$_2$**
Ich	*spiele*			*Fußball.*	
Ich	*gehe*		*sofort*	*zum Arzt.*	
Ich	*habe*			*Fußball*	*gespielt.*
Ich	*bin*		*sofort*	*zum Arzt*	*gegangen.*
Fußball	*habe*	*ich*			*gespielt.*
Sofort	*bin*	*ich*		*zum Arzt*	*gegangen.*

Zusatzübung: Das obige Schema als Leerschema anschreiben oder von der Vorlage 63 (S. 81) kopieren und von den KT ausgewählte Sätze aus den Bildgeschichten einsetzen lassen.

➔ GR 24

Zu Üb. 4, Seite 83

Bei den Verben *sein* und *haben* benutzt man wie bei den Modalverben meistens das Präteritum anstelle des Perfekts.

➔ GR 25

Zu Üb. 9, Seite 86

Die Wechselpräpositionen gehören zu den schwierigen Grammatikkapiteln im Anfängerunterricht. Sie sind deshalb in „Themen" auf drei Lektionen (5, 7 und 8) verteilt worden. In Lektion 5 wurden die Präpositionen *in, an, auf* mit dem Dativ eingeführt. Hier in Lektion 7 folgt nun die Präposition *in* mit dem Akkusativ. Der Bedeutungsunterschied zwischen *in* + Dativ (Angabe des Ortes eines Geschehens, eines inneren oder äußeren Zustandes) und *in* + Akkusativ (Angabe des Ziels einer Bewegung) muß sorgfältig herausgearbeitet werden. Der häufig verwendete Verweis auf die Fragewörter *wo?* bzw. *wohin?* ist keine Hilfe, da die Entscheidung zwischen diesen beiden bereits die Kenntnis des Bedeutungsunterschiedes voraussetzt. Welcher Aspekt (Ort oder Ziel) gemeint ist, ist für die Lerner meistens nur an der Bedeutung des Verbs erkennbar. Anhand des folgenden Tafelbilds kann man die grammatischen und semantischen Unterschiede erläutern:

in + Dativ		in + Akkusativ
Frau Winter ***kauft im*** *Supermarkt ein.*	<—>	*Frau Winter* ***geht in den*** *Supermarkt.*
Anna ist morgens ***in der*** *Schule.*	<—>	*Frau Winter* ***bringt*** *sie* ***in die*** *Schule.*
Frau Winter ***arbeitet im*** *Büro.*	<—>	*Sie fährt* ***ins*** *Büro.*

Der KL kann die Bedeutungsaspekte zusätzlich durch entsprechende pantomimische Bewegungen oder Strichzeichnungen an der Tafel verdeutlichen. Eine Ergänzung zu dieser Form der Erklärung ist Übung 12 auf S. 83 im Arbeitsbuch.

➔ GR 26

Zu Üb. 11, Seite 99 und Üb. 12, Seite 100

An dieser Stelle sollte man noch einmal auf die Bedeutungsunterschiede zwischen den einzelnen Präpositionen und ihrer jeweiligen Verwendung mit dem Akkusativ und Dativ eingehen, insbesondere dann, wenn zwischen der Muttersprache der KT und dem Deutschen in diesem Punkt Unterschiede bestehen.

➔ GR 27

Zu Seite 120 und 121

Seine Funktion als Objektkasus hat der Genitiv fast völlig verloren. Man verwendet ihn aber häufig in attributiver Funktion, also um die Bedeutung eines Nomens durch ein anderes Nomen, das im Genitiv steht, genauer zu beschreiben.

→ LK 1

Zu Seite 8

Guten Morgen! sagt man bis ca. 11.30 Uhr, danach bis ca. 18.00 Uhr *Guten Tag!*. Ab ca. 18.00 Uhr grüßt man mit *Guten Abend!*. In Süddeutschland (Bayern) verwendet man den ganzen Tag über den Gruß *Grüß Gott!*. Leute, die sich duzen, grüßen einander oft mit *Hallo!* oder *Grüß dich!* (Süddeutschland).

Auf Wiedersehen! ist der normale Abschiedsgruß zwischen Leuten, die sich siezen. Personen, die sich gut kennen, oft sehen oder sich duzen, sagen häufig *Tschüß!* Das ist ein Abschiedsgruß, der früher nur in Norddeutschland verwendet wurde, aber nun in ganz Deutschland immer beliebter wird.

Entscheiden Sie selbst, welche Grußformen Sie zusätzlich noch einführen wollen.

Im Deutschen unterscheidet man sehr genau zwischen *du* und *Sie*. Es ist außerordentlich unhöflich, eine unbekannte Person mit *du* anzureden. Im Zweifel sollte man immer *Sie* verwenden.

Du gebraucht man in der Familie, unter Freunden und guten Bekannten, in bestimmten Berufsgruppen unter Arbeitskollegen (mit denen man täglich zusammenarbeitet), unter Studenten und Schülern, unter Kindern und Jugendlichen (Jugendliche bis 16 Jahre spricht man mit *du* an).

Bevor man eine Person mit *du* anredet, muß man ihr normalerweise „das Du anbieten" oder von ihr angeboten bekommen (sofern sich in einer Gruppe nicht generell alle mit *du* anreden, wie z. B. Studenten).

→ LK 2

Zu Seite 9

Wenn man eine Person zum ersten Mal an einem Tag trifft, fragt man oft, wie es ihr geht. Das ist häufig mehr eine Floskel als eine echte Frage. Je nach Situation kann auf diese Frage eingegangen werden, oder sie wird pauschal erwidert.

(Die Sätze in Übung 3 enthalten Formen [*Wie geht es Ihnen/dir?, Es geht.*], die man an dieser Stelle noch nicht grammatisch erläutern kann. Die KT sollten die Sätze deshalb einfach auswendig lernen.)

→ LK 3

Zu Seite 10

Der Dialog könnte z. B. auf einer deutschen Behörde oder bei der Anmeldung zu einem Sprachkurs spielen. Sein Stil ist sehr formell. Beachten Sie, daß man im Deutschen auf die Frage *Wie heißen Sie?* normalerweise zuerst seinen Vornamen und dann seinen Nachnamen nennt.

→ LK 4

Zu Seite 12

In Deutschland meldet sich der Angerufene am Telefon mit seinem Familiennamen, nicht mit seiner Nummer oder einfach nur mit *Hallo* oder *Ja*. Dies wäre unhöflich.

→ LK 5

Zu Seite 13

Düsseldorf (570 000 Einwohner) ist die Hauptstadt des größten Bundeslandes *Nordrhein-Westfalen* und liegt am Rande des Ruhrgebiets, des größten deutschen und europäischen Industriegebietes (s. Karte auf S. 14/15 im Kursbuch). Es ist eine Verwaltungs- und Wirtschaftsmetropole, in der neben deutschen Großfirmen auch viele ausländische Firmen vertreten sind. 15,7 % aller Einwohner in Düsseldorf sind Ausländer. (Der Text ist Teil einer Anzeige, in der sich die Stadt Düsseldorf in Zeitschriften als internationaler Wirtschaftsstandort vorstellt.)

→ LK 6

Zu Seite 16

Die meisten Deutschen sind nach dem 2. Weltkrieg aus den ehemaligen deutschen, jetzt polnischen Gebieten (östlich der Flüsse Oder und Neiße [s. die Karte auf S. 14/15]) geflohen. Ewald Hoppe hingegen gehörte zu der Minderheit von Auslandsdeutschen, die mit ihren Familien in Polen blieben. Er ist erst in den siebziger Jahren in die Bundesrepublik ausgewandert.

Monika Sager, Manfred Bode und Paul Winterberg leben in einer Wohngemeinschaft. Wegen der sehr hohen Mieten in deutschen Städten teilen sich vor allem junge Leute die Kosten einer Wohnung. Manche schätzen das Leben in einer Wohngemeinschaft auch als eine Alternative zur traditionellen Lebensform in der Familie.

→ LK 7

Zu Seite 17

Der Dialog auf Seite 17 spielt in der Kantine eines Betriebs, in der Angestellte zu günstigen Preisen essen können. Fast jeder Betrieb mit über 100 Mitarbeitern hat eine Kantine oder eine Cafeteria. Kleinere Betriebe müssen ihren Mitarbeitern für die Pausen einen speziellen Aufenthaltsraum zur Verfügung stellen.

→ LK 8

Zu Seite 24

Der Text ist einer Seite aus einem Werbeprospekt für Küchenmöbel nachempfunden. Für eine moderne und schöne Kücheneinrichtung geben manche Deutsche sehr viel Geld aus. Sie ist fast eine Art von Statussymbol geworden.

→ LK 9

Zu Seite 34

Hier werden drei typische Ernährungsweisen vorgestellt, die man in Deutschland antrifft: Franz Kaiser hat eine Vorliebe für Schnellgerichte, Clara Mai achtet auf eine kalorienarme und gesunde Ernährung, Thomas Martens ißt eher traditionelle deutsche Speisen. Außerdem gibt es noch eine wachsende Anhängerschaft von Vollwertkost und/oder fleischloser Ernährung, die hier aus Platz- und Wortschatzgründen nicht berücksichtigt wurde.

Früher hat man in Deutschland abends fast immer nur kalte Speisen gegessen, und das Mittagessen war die wichtigste Mahlzeit. Das hat sich vor allem in den Großstädten geändert. Mittags machen viele Leute nur noch eine kurze Arbeitspause, und sie essen meist nur einen Imbiß. Das Abendessen wurde deshalb in vielen Familien zur (warmen) Hauptmahlzeit.

→ LK 10

Zu Seite 37

Bei dem Gasthof Niehoff handelt es sich um eines der einfachen Restaurants, wie man sie häufig in Kleinstädten findet. Restaurants in Großstädten haben meistens eine reichere Auswahl an Speisen und höhere Preise.

Abends essen gehen ist in Deutschland beliebt, aber nicht immer billig. Das Angebot an Gaststätten unterschiedlicher Qualität ist sehr groß. Vor allem ausländische Restaurants sind sehr beliebt. Fast jede Kleinstadt hat ein italienisches, griechisches oder chinesisches Restaurant. In den Großstädten ist die Auswahl kaum überschaubar.

Die ausländische Küche hat die deutsche Küche in den Restaurants und privaten Haushalten in den letzten 20 Jahren sehr stark beeinflußt. So sind z. B. Pizza und Spaghetti in deutschen Familien zu ganz alltäglichen Gerichten geworden. Von einer typisch deutschen

Küche kann man kaum noch sprechen. Es gibt spezifische Kochweisen und Spezialitäten, die aber weitgehend regional begrenzt sind.

➔ LK 11

Zu Seite 38

In einem deutschen Restaurant ist es nicht notwendig, ein komplettes Menü, also Vorspeise, Hauptgericht und Nachspeise zu bestellen, auch wenn dies durch den Einfluß aus den romanischen Ländern immer mehr üblich wird. Nach dem Essen sitzt man gerne noch länger zusammen, um gemeinsam ein Glas Wein oder Bier zu trinken und sich dabei zu unterhalten. Man trinkt Wein und Bier also nicht nur zum Essen. Es ist auch möglich, in ein deutsches Restaurant oder einen Gasthof zu gehen, nur um etwas zu trinken.

➔ LK 12

Zu Seite 39

In Deutschland ist es üblich, daß die Bedienung fragt, wer was bezahlt. Es ist also nicht selbstverständlich, daß eine Person alles bezahlt. Möchte man das, dann lädt man seine Gäste vor der Bestellung ausdrücklich ein.

Das Trinkgeld erhält die Bedienung zusätzlich zu ihrem normalen Lohn. Man gibt bis zu 10 % des Rechnungsbetrages, auch kleinere Summen sind üblich. Es ist durchaus möglich, bei Unzufriedenheit mit der Bedienung kein Trinkgeld zu geben. Normalerweise rundet man den Betrag nach oben auf und sagt *Stimmt so.* Man hinterläßt das Trinkgeld (und auch den Rechnungsbetrag) normalerweise nicht auf dem Tisch.

➔ LK 13

Zu Seite 40

Viele Deutsche legen heute Wert darauf, gut zu essen. Man geht nicht nur häufig in Restaurants, sondern lädt auch gerne Freunde und Bekannte zu sich nach Hause zum Essen ein. Es ist nicht ungewöhnlich, daß dann auch die Männer als Gastgeber kochen.

➔ LK 14

Zu Seite 41

Werbezettel mit Sonderangeboten wie der auf S. 41 werden von fast allen Supermärkten an die Haushalte verteilt oder in der Zeitung veröffentlicht. Supermärkte haben ein sehr breites Angebot, man kann dort nicht nur Lebensmittel, sondern auch viele andere Artikel für den Haushaltsbedarf kaufen. Kleinere Lebensmittelgeschäfte gibt es fast nur noch in ländlichen Gebieten oder in den Außenbezirken der Städte. Am Rand der Städte gibt es große Supermärkte, in denen man neben Lebensmitteln fast alles kaufen kann. In den Großstadtzentren findet man nur noch selten Lebensmittelgeschäfte oder Supermärkte. Viele Kaufhäuser in den Städten haben Lebensmittelabteilungen.

Eine häufig gebrauchte Gewichtseinheit ist das *Pfund.* Es entspricht 500 Gramm. In der Alltagssprache sagt man also nicht *1/2 Kilo,* sondern *1 Pfund Äpfel.* Üblich sind auch die Gewichtsangaben *1/4 Pfund* oder *1/2 Pfund,* wenn man z. B. Käse oder Wurst kauft.

➔ LK 15

Zu Seite 42

Die Deutschen trinken nicht nur viel Bier, sie haben zu diesem Getränk auch eine eher konservative und manchmal auch emotional geprägte Einstellung. Recht stolz sind sie auf das alte deutsche (genauer: bayerische) Reinheitsgebot, nach dem Bier nur aus Wasser, Hopfen und Malz hergestellt werden darf. Obwohl ausländische Brauereien heute Bier nach Deutschland exportieren dürfen, das dem Reinheitsgebot nicht entspricht, wird dieses Bier auch bei niedrigem Preis wenig gekauft.

Die Deutschen trinken mit Vorliebe Bier aus einer Brauerei in ihrer Region. Deshalb gibt es sehr viele Brauereien in Deutschland, die z. T. sehr klein sind. Nur ganz wenige vertreiben ihr Bier in ganz Deutschland. Auch diese größeren Brauereien sind viel kleiner als die bekannten Großbrauereien in anderen Ländern. Sehr beliebt sind kleine Gasthofbrauereien, die nur für ihren eigenen Gasthof brauen.

Neben den Hauptbiersorten, über die der Text informiert, gibt es noch eine Reihe anderer.

→ LK 16

Zu Seite 53

Die Ablehnung einer Einladung wie im Dialog in Übung 19 Seite 53 ist in dieser Form nur zwischen guten Bekannten und jungen Leuten möglich. Das gilt insbesondere für die Formulierung *Ich habe keine Lust,* die leicht als unhöflich empfunden wird. Eine höfliche Ablehnung verlangt eine akzeptable Begründung.

→ LK 17

Zu Seite 58

Junge Leute über 18 Jahre haben heute oft den Wunsch, möglichst schnell eine eigene Wohnung zu haben. Wenn sie trotzdem zu Hause nicht ausziehen, dann hat das in der Regel finanzielle Gründe, oder sie finden keine geeignete Wohnung. Michael Wächter wäre sicher schon gerne eher bei den Eltern ausgezogen, aber während der Berufsausbildung verdient man nicht genug, um sich eine eigene Wohnung leisten zu können.

→ LK 18

Zu Seite 62

Obwohl die Deutschen einen recht hohen Lebensstandard haben, haben nur 40 % der Haushalte eine Eigentumswohnung oder ein eigenes Haus. Der Grund dafür liegt in den hohen Bodenpreisen und Baukosten. Es wird traditionell sehr solide gebaut, und ein großes und gut ausgestattetes Haus in einer guten Lage verleiht ein sehr hohes soziales Prestige.

In Deutschland gibt es z. Z. nicht genug Mietwohnungen, die von Normalverdienern bezahlbar sind. Die Hauptgründe dafür sind der Wunsch nach mehr Wohnfläche pro Person, der starke Zuzug von Ausländern und Auslandsdeutschen (Aussiedler) und die steigende Lebenserwartung. Außerdem wächst die Zahl der Haushalte, weil immer mehr Leute alleine leben und viele junge Menschen nicht mehr wie früher bei den Eltern wohnen möchten. In München z. B. bestehen 53 % aller Haushalte nur aus einer Person. Der Wohnungsmangel führt zu einem ständigen Anstieg der Mietpreise. In den großen Ballungszentren wie Berlin, Hamburg, Ruhrgebiet, Köln/Düsseldorf, Franfurt, Leipzig, Dresden, Stuttgart und München müssen die Haushalte heute im Durchschnitt zwischen 30 und 40 % ihres Einkommens für ihre Wohnung ausgeben.

Die Mietwohnungen sind normalerweise recht gut ausgestattet, fast alle haben Zentralheizung und ein Bad mit fließend warmem Wasser. Eine besondere Situation gibt es im Osten Deutschlands. Dort sind die Häuser immer noch in einem sehr schlechten Zustand, weil die Regierung der ehemaligen DDR viel zu wenig Geld in die Erhaltung der alten Häuser investierte.

Die Miete setzt sich zusammen aus der eigentlichen Miete und den Nebenkosten (abgekürzt = NK.: Wasser, Heizung, Müllabfuhr und andere Betriebskosten). Außerdem müssen die Mieter in der Regel eine Kaution (abgekürzt = Kt.) bezahlen (höchstens drei Monatsmieten), die sie zurückbekommen, wenn sie die Wohnung beim Auszug in gutem Zustand verlassen.

→ LK 19

Zu Seite 64

Kleine Streitereien zwischen Mietern und Vermietern werden bisweilen sogar vor einem Gericht ausgetragen. Der Text auf S. 64/65 informiert über einige wichtige Gerichtsurteile.

→ LK 20

Zu Seite 67

Hiddensee ist eine kleine Insel in der Ostsee, westlich der größten deutschen Insel Rügen (s. Karte auf S. 14/15). Sie ist ein sehr attraktives Feriengebiet, weil fast die ganze Insel Naturschutzgebiet ist und dort keine Autos fahren dürfen.

→ LK 21

Zu Seite 72

Ein großer Teil der Deutschen hält Gesundheit für eines der wichtigsten Dinge im Leben. Man geht häufig zum Arzt, und das Interesse an medizinischer Beratung ist hoch. Dementsprechend hat fast jede populäre Zeitschrift eine regelmäßige medizinische Leserberatung. Der Text auf Seite 72 ist ein Beispiel dafür.

Viele Deutsche haben heute eine kritische Haltung zur Schulmedizin. Dies bringt der Leserbrief von Frau Erna E. zum Ausdruck.

→ LK 22

Zu Seite 73

Allgemeine Information zum Gesundheitswesen in Deutschland:

Die Mitgliedschaft in einer Krankenkasse ist für Arbeitnehmer bis zu einer bestimmten Höhe des Einkommens Pflicht. Sie gilt für den Arbeitnehmer und die nicht verdienenden Familienmitglieder (der Ehemann bzw. die Ehefrau und die Kinder), die automatisch mitversichert sind. Es gibt verschiedene Krankenkassen. Je nach Kasse kostet der Beitrag zwischen 12 und 16 Prozent des Bruttolohns. Davon zahlt der Arbeitgeber die Hälfte. Für diesen Beitrag erhalten die Arbeitnehmer und die nicht verdienenden Familienmitglieder kostenlose Behandlung beim Arzt. Auch Medikamente und Krankenhausaufenthalte sind bis auf kleinere Beträge kostenfrei. Ihren Arzt können die Patienten frei wählen. Vor einer Behandlung müssen die Patienten dem Arzt einen Krankenschein oder (in Zukunft) einen Patientenpaß vorlegen.

→ LK 23

Zu Seite 75

Wenn ein Arbeitnehmer in Deutschland krank ist und dies der Arzt bescheinigt hat, dann darf der Arbeitgeber ihm nicht kündigen, und er muß bis zu sechs Wochen den Lohn weiterzahlen. Dauert die Krankheit länger, zahlt die Krankenkasse Krankengeld. Auch in dieser Zeit ist der Arbeitnehmer auf längere Zeit vor einer Kündigung geschützt.

→ LK 24

Zu Seite 86

Trotz aller Bemühungen um Gleichberechtigung der Frau ist die Hausarbeit in Deutschland immer noch hauptsächlich Sache der Frauen. Die Mehrheit der deutschen Männer akzeptiert zwar grundsätzlich das Recht der Frauen auf Gleichberechtigung, und sie helfen manchmal auch im Haushalt mit; an der Arbeitsteilung zwischen Mann und Frau hat sich aber bis heute im wesentlichen nichts geändert. Bei Familien mit Kindern gehen in der Regel, es gibt Ausnahmen, die Männer arbeiten, und die Frauen geben, zumindest zeitweise, ihren Beruf auf und machen die Hausarbeit. Wegen der hohen Lebenshaltungskosten und um den Anschluß im Beruf nicht ganz zu verlieren, arbeiten viele Frauen wie Frau Wagner halbtags. Dies ist aber oft schwer zu organisieren, weil es zu wenig Kindergärten gibt, die zudem meistens Kinder erst ab dem dritten oder vierten Lebensjahr aufnehmen.

➔ LK 25

Zu Seite 94

Neustadt ist eine Phantasiestadt, sie ist aber einer wirklichen Kleinstadt ähnlich.

Ein Getränkemarkt hat eine große Auswahl an alkoholischen und alkoholfreien Getränken. Bier und alkoholfreie Getränke kann man dort meist nur kastenweise kaufen, während im Supermarkt auch der Einzelflaschenverkauf üblich ist.

Eine Apotheke verkauft nicht nur Medikamente, sondern auch Drogerieartikel und Kosmetika. Nachts und an Sonn- und Feiertagen haben je nach Größe der Stadt eine oder auch mehrere Apotheken Notdienst.

Buchhandlungen, besonders in Kleinstädten, verkaufen oft nicht nur Bücher, sondern auch Zeitungen und Zeitschriften und Schreibwaren. Es gibt auch spezielle Schreibwarengeschäfte.

Das Angebot an verschiedenen Brotwaren ist in deutschen Bäckereien sehr groß. Außerdem kann man dort Kuchen kaufen. Viele Bäckereien sind nebenbei Verkaufsstellen großer Kaffeefirmen und haben bisweilen auch einen Stehausschank für Kaffee.

Autowerkstätten sind meistens an eine Automarke gebunden, es gibt jedoch auch freie.

In einer Reinigung werden Kleidungsstücke chemisch gereinigt. Bei einigen kann man auch Wäsche waschen lassen.

Es gibt in Deutschland sehr viele Telefonzellen. Die Telefone funktionieren entweder mit Geldmünzen (10-Pfennig-, 1-Mark- und 5-Markstücke) oder (immer häufiger) mit Telefonkarten. Nur in wenigen Telefonzellen kann man angerufen werden. Auch auf jeder Post kann man telefonieren.

Alle Großstädte, aber auch viele Kleinstädte haben eine eigene öffentliche Bibliothek, in der man kostenlos oder gegen geringe Gebühren Bücher ausleihen kann.

In einem Fotostudio kann man Kameras, Zubehör und Filme kaufen und sich fotografieren lassen. Dies ist üblich bei besonderen Anlässen wie Geburt, Hochzeiten usw., oder wenn man ein Paßfoto braucht.

Die Einrichtung in einem Café ist anders als in einem Restaurant: Die Tische sind kleiner und alles ist viel dekorativer gestaltet. Hier ißt man Kuchen und trinkt vor allem Kaffee und Tee, morgens kann man hier frühstücken und mittags einen Imbiß bekommen. Die meisten Cafés schließen gegen Abend. Ein Café ist ein beliebter Treffpunkt.

Das Rathaus ist der Sitz der Verwaltung einer Stadt oder Gemeinde. Wichtige Ämter sind z. B. das Einwohnermeldeamt, bei dem jeder Bürger registriert sein muß und das Pässe und Ausweise ausstellt; das Sozialamt, das Menschen, die ein zu geringes Einkommen haben, finanziell hilft; das Steueramt, das die Einnahmen und Ausgaben der Gemeinde verwaltet; das Bauamt, das Baugenehmigungen erteilt, und das Standesamt, auf dem Ehen geschlossen und die Geburten und Todesfälle registriert werden.

Die Geschäftszeiten sind in Deutschland gesetzlich vorgeschrieben. Sie sind Montag bis Freitag von 8.00 bis 18.30 Uhr und samstags von 8.00 bis 13.00 Uhr. Außerdem dürfen die Geschäfte donnerstags bis 20.30 Uhr und jeden 1. Samstag im Monat bis 18.00 Uhr (im Winterhalbjahr) oder bis 16.00 Uhr im Sommerhalbjahr öffnen. Im Rahmen dieser Zeiten können die Geschäftsleute ihre Öffnungszeiten frei festlegen. Die normale Öffnungszeit ist 9.00 Uhr bis 18.30 Uhr. In den Kleinstädten sind viele Geschäfte mittags zwischen ca. 12.30 Uhr und 14.00 Uhr geschlossen, während die Supermärkte, die Kaufhäuser und die Mehrheit der Geschäfte in den Zentren der Großstädte durchgehend geöffnet haben.

Andere und viel kürzere Öffnungszeiten haben die Banken (nur bis 16.00 Uhr, donnerstags bis 18.00 Uhr) und die Behörden (nur vormittags bis 12.00 Uhr und an zwei Tagen pro Woche auch nachmittags). Fast alle Postämter haben bis 18.00 Uhr geöffnet, mit einer Mittagspause zwischen 12.00 und 14.00 oder 15.00 Uhr. Die großen Postämter sind durchgehend geöffnet, und in den Großstädten gibt es immer ein Nachtpostamt.

➔ LK 26

Zu Seite 98

Früher war (West-)Berlin eine „Insel" auf dem Gebiet des zweiten deutschen Staates, der DDR und nur über spezielle Transitstraßen erreichbar (vgl. die Karte im Text auf S. 102). Infolge ihrer Insel- und Randlage entsprach das Interesse an dieser Stadt nicht ihrer Größe (allein [West-]Berlin war immerhin doppelt so groß wie Hamburg). Das hat sich seit der deutschen Vereinigung geändert. Berlin wurde offiziell wieder Hauptstadt und entwickelt sich langsam zu einem wichtigen Zentrum in Mitteleuropa, das auch für viele Touristen wieder interessant wird.

➔ LK 27

Zu Seite 101

Der Text auf S. 101 ist ein Teil einer Werbebroschüre für Berlin, in der die Stadt durch die sternförmig eingezeichneten Routen als Verkehrsmittelpunkt Deutschlands erscheinen soll. Bei genauerer Betrachtung erkennt man jedoch ein gleichmäßig verteiltes Netz von Autobahnen und Bahnstrecken. Die Karte gibt nur einen Überblick, in Wirklichkeit ist es noch viel verzweigter. Das ist notwendig, weil es sehr viele Großstädte mit über 100 000 Einwohnern gibt, die fast über das ganze Land verteilt sind. Im Gegensatz zu den meisten europäischen Ländern ist Deutschland verkehrsmäßig nicht auf ein oder zwei große Zentren ausgerichtet. Es gibt zwar auch weniger stark besiedelte Randgebiete, aber kaum ein Bundesbürger wohnt mehr als 50 Kilometer von der nächsten Großstadt entfernt. Das ist wirtschaftlich ein großer Vorteil.

➔ LK 28

Zu Seite 102

Die Vereinigung der beiden deutschen Staaten (alte Bundesrepublik und DDR) im Jahr 1990 kam sehr überraschend. Politik und Wirtschaft waren darauf nicht vorbereitet. Entsprechend groß sind die wirtschaftlichen und politischen Schwierigkeiten. Der Wiederaufbau in den fünf neuen Bundesländern im Osten dauert wesentlich länger als erwartet. Da die Verfassung der Bundesrepublik Deutschland zur sozialen Fürsorge für alle Deutschen verpflichtet, gibt es harte politische Auseinandersetzungen um die Verteilung der finanziellen Mittel, was zu Spannungen zwischen den alten und neuen Bundesländern führt. Letztere fühlen sich sozial benachteiligt, und die anderen können nur schwer akzeptieren, daß die Vereinigung auch von ihnen Opfer fordert. Die schwierige wirtschaftliche und soziale Lage hat die Freude über die neuen politischen Freiheiten im neuen und alten Teil der Bundesrepublik schnell verdrängt und einer pessimistischen Stimmung Platz gemacht. Die Stadt Berlin ist quasi ein großer Spiegel der Situation in Deutschland, weil die Stadt genauso wie die gesamte Nation früher in zwei Teile getrennt war. Der Autor des Textes zeigt mit der Schilderung eines Spaziergangs durch beide Teile Berlins, daß Deutschland zwar politisch, aber noch nicht in sozialer und wirtschaftlicher Hinsicht vereint ist.

Die neue politische Situation in Europa macht Berlin wieder zu einem Zentrum Mitteleuropas, das sehr viele Menschen aus dem In- und

Ausland anzieht. Sie kommen in eine Stadt, deren wirtschaftliche, städtebauliche und verkehrsmäßige Situation dem starken Zuwachs der Bevölkerung in den nächsten Jahren kaum gewachsen sein wird. Das führt notwendigerweise zu sozialen Konflikten, die viele Berliner jetzt schon spüren und vor denen sie Angst haben. Andererseits gibt es starke Minderheiten in der Stadt, die die Vielfalt der Lebensformen in Berlin bewußt akzeptieren. Die Zitate des Studenten Dirk und der Frau machen die beiden unterschiedlichen Standpunkte in dieser Frage deutlich.

➔ LK 29

Zu Seite 114

Viele Ausländer glauben, daß für fast alle Deutschen Arbeit, Beruf und Karriere das Wichtigste im Leben sind. Das gilt sicher noch für viele, es gibt aber auch andere, die nicht mehr bereit sind, das Privatleben zugunsten ihrer Arbeit stark einzuschränken. Freizeit und Urlaub sind für sie sehr wichtig, und nicht wenige würden sich genauso wie Rüdiger Maaß entscheiden, wenn sie es sich leisten könnten und den Mut dazu hätten.

Rüdiger Maaß ist das, was man in Deutschland einen „Aussteiger“ nennt. Seit den siebziger Jahren entdecken immer mehr beruflich erfolgreiche Leute, daß sie mit Karriere und persönlichem Wohlstand ihr eigentliches Lebensziel verfehlt haben. Sie *„steigen“* aus ihrem Beruf *„aus“* und suchen ein alternatives Lebensglück.

Hamburg ist eine Großstadt im Norden Deutschlands; die Binnenalster ist ein gestauter Teil der Alster, einem Nebenfluß der Elbe, innerhalb der Stadt Hamburg; Ostfriesland ist ein dünn besiedeltes Land im Nordwesten an der Grenze zu den Niederlanden.

➔ LK 30

Zu Seite 120/121

Deutschland ist stark nach historisch gewachsenen Regionen und Bevölkerungsgruppen (Landsmannschaften oder Stämme) gegliedert, deren Traditionen auch heute noch die alltäglichen Lebensformen mitprägen. Die Grenzen zwischen diesen Regionen entsprechen nicht der politischen Gliederung der Bundesländer, die unterschiedliche Landsmannschaften zusammenfassen.

Nachdem in den siebziger Jahren aus bildungspolitschen Gründen die Dialekte vor allem in den Schulen zurückgedrängt wurden, haben die achtziger Jahre eine Renaissance der Dialekte gebracht. Vor allem auf dem Lande sprechen viele Menschen im Alltag zwei Sprachen, im Privatleben ihren Dialekt oder eine regionalspezifische Variante des Hochdeutschen und im Berufsleben, in der Schule und gegenüber Fremden Hochdeutsch. In den Städten wird durchgängig Hochdeutsch gesprochen. Eine Ausnahme sind nur die Bayern, Schwaben und Sachsen, die oft ihren Dialekt als allgemeine Verkehrssprache verwenden. An der Art der Aussprache des Hochdeutschen kann man übrigens relativ leicht erkennen, aus welcher Region eine Person kommt.

Ähnlich wie die Regionen in Deutschland, grenzen sich auch die deutschsprachigen Schweizer und die Österreicher gegenüber den Deutschen und gegeneinander deutlich ab. Sie legen Wert darauf, daß ihre Sprache nicht mit dem Hochdeutschen in Deutschland gleichgesetzt wird. Auch das Deutsch in der Schweiz und in Österreich ist nicht einheitlich, auch in diesen beiden Ländern gibt es sprachliche Unterschiede zwischen den einzelnen Regionen.

Einheitlicher ist die deutsche Schriftsprache, die in allen deutschsprachigen Ländern und Gebieten mit einigen Abweichungen im Wortschatz im wesentlichen gleich ist.

→ LK 31

Zu Seite 123

Die Übungen sollen einen kleinen Eindruck davon geben, wie unterschiedlich die Aussprache und der Wortschatz zwischen den verschiedenen Varianten des Deutschen sein kann. Die Aufnahmen auf der Kassette zu Übung 8 b) geben z. T. Dialekte und z. T. regionale Varianten des Hochdeutschen wieder. In Wirklichkeit sind die Unterschiede noch viel größer. Der plattdeutsche Dialekt z. B., der auf dem Lande an der Nordseeküste gesprochen wird, ist für die meisten Norddeutschen, die in Städten in demselben Gebiet wohnen, weitgehend unverständlich.

→ LK 32

Zu Seite 124

Der Text könnte den Eindruck erwecken, als ob die Region um den Bodensee ein Naturparadies für Touristen sei. Es stimmt zwar, daß der Bodenseeraum ein attraktives Feriengebiet ist, gleichzeitig ist er aber auch dicht besiedelt und verkehrsmäßig und industriell stark belastet.

Test für Lektion 1 und 2

1. Wie heißen die Zahlen?

a) zweiunddreißig *32*

b) dreizehn ________

c) vierundsiebzig ________

d) elf ________

e) achtundneunzig ________

f) hundertsiebenundzwanzig ________

g) dreihundertsechzehn ________

h) fünfundachtzig ________

i) neunhundertachtzehn ________

j) siebenhundertsiebzehn ________

k) dreihundertfünfzig ________

l) fünfhundertfünfundfünfzig ________

m) hundertachtundsechzig ________

n) vierhundertzehn ________

Punkte (max. 13): ____________

2. Wie heißt der Artikel?

a) *der* Kugelschreiber

b) ________ Bett

c) ________ Haus

d) ________ Name

e) ________ Frau

f) ________ Telefonnummer

g) ________ Waschmaschine

h) ________ Kühlschrank

i) ________ Kind

j) ________ Junge

k) ________ Foto

l) ________ Schrank

m) ________ Tisch

n) ________ Küche

o) ________ Auto

p) ________ Radio

q) ________ Lampe

r) ________ Stuhl

Punkte (max. 17): ____________

T

Name:

3. Was ist Singular, was ist Plural?

	Singular	Plural
a) Stühle		×
b) Bilder		
c) Kamera		
d) Herde		
e) Steckdosen		
f) Töpfe		
g) Idee		
h) Regal		

	Singular	Plural
i) Personen		
j) Batterie		
k) Fernsehapparate		
l) Wörter		
m) Zahl		
n) Karten		
o) Uhren		

Punkte (max. 14): ___________

4. Was ist richtig?

	A	B	C
a) Das ist mein Bett. *Er* [A] *Sie* [B] *Es* [C] ist bequem.			×
b) Das ist meine Waschmaschine. *Er* [A] *Sie* [B] *Es* [C] ist neu.			
c) Das ist mein Fernseher. *Er* [A] *Sie* [B] *Es* [C] ist kaputt.			
d) Das ist meine Küche. *Er* [A] *Sie* [B] *Es* [C] ist sehr modern.			
e) Das ist mein Schrank. *Er* [A] *Sie* [B] *Es* [C] ist praktisch.			
f) Das ist meine Batterie. *Er* [A] *Sie* [B] *Es* [C] ist leer.			
g) Das ist mein Auto. *Er* [A] *Sie* [B] *Es* [C] ist schon alt.			
h) Das ist mein Waschbecken. *Er* [A] *Sie* [B] *Es* [C] ist sehr klein.			

Punkte (max. 7): ___________

Name: **T**

5. Welches Verb paßt?

[A] kommt	[F] bin	[K] studiert
[B] heiße	[G] kostet	[L] haben
[C] sind	[H] verkaufe	[M] wohnen
[D] ist	[I] spielt	
[E] heißt	[J] spricht	

a) Ich [*F*] Ingenieur.

b) Heinz und Eva Müller [ ] in Berlin. Sie [ ] verheiratet und [ ] zwei Kinder.

c) Katja [ ] 29 Jahre alt. Sie [ ] gut Klavier.

d) Ewald Hoppe [ ] aus Polen. Er [ ] gut Deutsch.

e) Mein Mann [ ] Klaus. Er [ ] in München Medizin.

f) Ich [ ] Baumer und [ ] Autos.

g) Was [ ] der Stuhl? – 99 Mark.

Punkte (max. 12): ___________

6. Was paßt?

[A] ich [B] du [C] er/sie/es [D] Sie

a)	[*C*] hat	[ ] habe	[ ] haben	[ ] hast
b)	[ ] sprichst	[ ] spreche	[ ] spricht	[ ] sprechen
c)	[ ] bin	[ ] bist	[ ] sind	[ ] ist
d)	[ ] kommen	[ ] kommst	[ ] kommt	[ ] komme
e)	[ ] studiere	[ ] studieren	[ ] studierst	[ ] studiert

Punkte (max. 19): ___________

Punkte gesamt (max. 82): ___________

T

Name:

Test für Lektion 3 und 4

1. Was paßt zusammen?

a	14.15
b	18.20
c	7.30
d	13.55
e	16.25
f	15.40
g	21.50
h	2.45
i	9.30
j	10.00
k	17.15

A	5 vor 2
B	10 vor 10
C	20 vor 4
D	Viertel nach 2
E	halb 10
F	halb 8
G	10 Uhr
H	5 vor halb 5
I	Viertel vor 3
J	Viertel nach 5
K	20 nach 6

a	*D*
b	
c	
d	
e	
f	
g	
h	
i	
j	
k	

Punkte (max. 10): __________

2. Was paßt?

Samstag	Mittwoch	Dienstag	Sonntag	Freitag	Donnerstag

a) *Montag* → b) __________ →

c) __________ → d) __________ →

e) __________ → f) __________ →

g) __________

Punkte (max. 6): __________

Name: **T**

3. Was paßt?

[A] möchtest	[C] darf	[E] möchte	[G] müssen
[B] muß	[D] kann	[F] dürfen	[H] kannst

a) Die Kamera ist kaputt. Du [*H*] keine Fotos machen.

b) Peter ist 4 Jahre alt. Er [ ] noch nicht lesen.

c) Es ist 7 Uhr. Ich [ ] noch schlafen, aber ich [ ] aufstehen.

d) Hier [ ] Sie nicht rauchen!

e) [ ] du ins Kino gehen oder lieber fernsehen?

f) Beim Arzt [ ] wir immer warten.

g) Ein Kind [ ] noch keinen Wein trinken.

Punkte (max. 7): ___________

4. Was paßt wo?

	Essen	Trinken
a) Tee		×
b) Eis		
c) Kaffee		
d) Kuchen		
e) Käse		
f) Milch		
g) Gemüse		
h) Fisch		
i) Mineralwasser		
j) Brot		
k) Ei		

	Essen	Trinken
l) Schnaps		
m) Bier		
n) Apfel		
o) Limonade		
p) Salat		
q) Zwiebel		
r) Rotwein		
s) Steaks		
t) Reis		
u) Marmelade		

Punkte (max. 20): ___________

T

Name:

5. Was ist richtig?

a) Ich möchte [A] *einen* [B] *eine* [C] *ein* Kuchen kaufen.
b) Er ißt [A] *keinen* [B] *keine* [C] *kein* Fisch.
c) Der Kellner bedient [A] *den* [B] *die* [C] *das* Frau.
d) Petra schreibt [A] *einen* [B] *eine* [C] *ein* Ansichtskarte.
e) Kann ich [A] *Ihren* [B] *Ihre* [C] *Ihr* Telefonnummer haben?
f) Wo kaufst du [A] *deinen* [B] *deine* [C] *dein* Kleider?
g) Ich muß noch [A] *meinen* [B] *meine* [C] *mein* Zeitung holen.
h) Hier muß man [A] *keinen* [B] *keine* [C] *kein* Eintritt bezahlen.
i) Er vergißt immer [A] *seinen* [B] *seine* [C] *sein* Buch.
j) Wohin bringst du [A] *deinen* [B] *deine* [C] *dein* Kind?
k) Ich kann [A] *den* [B] *die* [C] *das* Brot nicht schneiden. Es ist hart.

	A	B	C
a)	×		
b)			
c)			
d)			
e)			
f)			
g)			
h)			
i)			
j)			
k)			

Punkte (max. 10): ___________

6. Was paßt?

A: vergleichen
Ich *vergleiche* die Preise.

B: anziehen
Ich *ziehe* das Kleid *an.*

	A	B
a) frühstücken	×	
b) fotografieren		
c) anfangen		
d) spazierengehen		
e) aufräumen		
f) einkaufen		
g) bezahlen		

	A	B
h) erzählen		
i) zuhören		
j) aufmachen		
k) fernsehen		
l) kontrollieren		
m) mitkommen		

Punkte (max. 12): ___________

Name: ______ **T**

7. Was ist richtig?

a) Er [A] *lesen* [B] *lese* [C] *liest* gerne Bücher.
b) Wann [A] *trifft* [B] *triffst* [C] *treffen* du deine Frau?
c) Ich [A] *nehme* [B] *nimmst* [C] *nimmt* den Schweinebraten.
d) Das Kind [A] *schläfst* [B] *schlafen* [C] *schläft* schon.
e) [A] *Essen* [B] *Ißt* [C] *Esse* Sie gerne Fisch?
f) Mein Mann [A] *sieht* [B] *siehst* [C] *sehen* oft fern.

	A	B	C
a)			×
b)			
c)			
d)			
e)			
f)			

Punkte (max. 5): ______

Punkte gesamt (max. 70): ______

T **Name:**

Test für Lektion 5 und 6

1. Was paßt?

[A] einer [B] eine [C] eins [D] welche

a) Suchen Sie einen Aufzug? Hier ist [*A*] .
b) Suchen Sie eine Telefonzelle? Hier ist [ ] .
c) Suchst du eine Toilette? Im Erdgeschoß ist [ ] .
d) Sucht ihr einen Kiosk? In der Goethestraße ist [ ] .
e) Suchst du Handschuhe? Hier sind [ ] .
f) Suchen Sie ein Hotel? Ich kenne [ ] .
g) Suchen Sie einen Arzt? Hier wohnt [ ] .
h) Suchen Sie Vorhänge? Hier haben wir [ ] .

Punkte (max. 7): ___________

2. Was paßt?

[A] einen [C] eins [E] keinen [G] keins
[B] eine [D] welche [F] keine

a) ■ Hast du eine Garage? ▲ Nein, ich habe [*F*] .
b) ■ Hast du einen Balkon? ▲ Ja, ich habe [ ] .
c) ■ Hast du eine Wohnung? ▲ Ja, ich habe [ ] .
d) ■ Hast du einen Garten? ▲ Nein, ich habe [ ] .
e) ■ Hast du ein Gästezimmer? ▲ Ja, ich habe [ ] .
f) ■ Hast du einen Schreibtisch? ▲ Ja, ich habe [ ] .
g) ■ Hast du eine Terrasse? ▲ Nein, ich habe [ ] .
h) ■ Hast du Nachbarn? ▲ Ja, ich habe [ ] .
i) ■ Hast du ein Haus? ▲ Nein, ich habe [ ] .

Punkte (max. 8): ___________

Name: **T**

3. Was paßt?

[A] im [B] in der

a) ■ Wo ist das Auto? ▲ [*B*] Garage.
b) ■ Wo ist Paul? ▲ Er ist schon [ ] Bett.
c) ■ Wo ist Ute? ▲ Sie ist [ ] Garten.
d) ■ Hast du Walter gesehen? ▲ Er ist [ ] Bad.
e) ■ Warum ist Eva nicht da? ▲ Sie geht [ ] Wald spazieren.
f) ■ Ist Georg nicht da? ▲ Doch, er ist [ ] Küche.

[C] am [D] an der

g) ■ Wo ist dein Mann? ▲ Er liegt [ ] Strand.
h) ■ Wo ist die Pflanze? ▲ Sie steht [ ] Fenster.
i) ■ Wo kann ich Auskunft bekommen? ▲ [ ] Rezeption.
j) ■ Was macht Richard? ▲ Er arbeitet [ ] Schreibtisch.

[E] auf dem [F] auf der

k) Der Fußball liegt [ ] Wiese.
l) Die Tabletten liegen [ ] Tisch.
m) Das Hotel ist [ ] Insel Hiddensee.
n) Die Handschuhe liegen [ ] Waschmaschine.
o) Der Vogel geht [ ] Fußboden spazieren.

Punkte (max. 14): ___________

T

Name:

4. Welches Wort paßt nicht?

a) Arzt, ~~Koffer~~, Krankenschein, Sprechstunde

b) Erkältung, Grippe, Husten, Fußball, Schnupfen

c) Rücken, Mund, Nase, Auge, Ohr

d) Tropfen, Urlaub, Tablette, Pflaster, Medikament

e) Licht, Luft, Sonne, Natur, Garage

f) Terrasse, Garten, Schlafzimmer, Balkon

g) Krankheit, Schmerz, Pullover, Angst

h) Krach, Ruhe, Streit, Lärm, Konflikt

i) Mietvertrag, WC, Toilette, Bad

Punkte (max. 8): ___________

5. Was ist richtig?

a) Wann [A] *hat* [B] *ist* er angerufen?

b) [A] *Hast* [B] *Bist* du heute Fußball gespielt?

c) Ich [A] *habe* [B] *bin* heute zwei Stunden radgefahren.

d) Wir [A] *haben* [B] *sind* gestern umgezogen.

e) Das Kind [A] *hat* [B] *ist* eingeschlafen.

f) Was [A] *hat* [B] *ist* denn passiert?

g) Ich [A] *habe* [B] *bin* ein Zimmer im Hotel gebucht.

h) Ich [A] *habe* [B] *bin* ihn gestern angerufen.

i) Gestern [A] *haben* [B] *sind* wir am Strand spazierengegangen.

	A	B
a)	×	
b)		
c)		
d)		
e)		
f)		
g)		
h)		
i)		

Punkte (max. 8): ___________

Name: **T**

6. Was paßt?

[A] sein	[C] ihr	[E] unser	[G] euer
[B] seine	[D] ihre	[F] unsere	[H] eure

a) Peter und Anne haben ein Kind. ➔ [*C*] Kind ist krank.

b) Er hat eine Grippe. ➔ [ ] Grippe ist nicht gefährlich.

c) Sie hat Schmerzen. ➔ [ ] Schmerzen sind schlimm.

d) Wir haben ein Appartement. ➔ [ ] Appartement ist teuer.

e) Ihr habt doch einen Vogel. ➔ Macht [ ] Vogel viel Krach?

f) Sie hat eine Chefin. ➔ [ ] Chefin ist nervös.

g) Er nimmt ein Medikament. ➔ [ ] Medikament schmeckt nicht gut.

h) Ich sehe, ihr habt eine Erkältung. ➔ Ist [ ] Erkältung schlimm?

i) Wir haben eine Kollegin. ➔ [ ] Kollegin ist dick.

Punkte (max. 8): ___________

Punkte gesamt (max. 53): ___________

T **Name:**

Test für Lektion 7 und 8

1. „-(e)t“ oder „-en“? Was ist richtig?

[A]
z. B. machen — hat gemach**t**
heiraten — hat geheirat**et**

[B]
z. B. sehen — hat geseh**en**

	A	B
a) besorgen	×	
b) fehlen		
c) kündigen		
d) malen		
e) ziehen		
f) wechseln		
g) geben		
h) gewinnen		
i) kaufen		

	A	B
j) putzen		
k) rufen		
l) wecken		
m) gießen		
n) reinigen		
o) stellen		
p) parken		
q) tragen		
r) stehen		

Punkte (max. 17): ____________

2. Ergänzen Sie.

a) Er ist gerade ______*abgefahren*______ (abfahren).

b) Wir sind gestern ______________________ (umziehen).

c) Seid ihr ______________________ (radfahren)?

d) Hast du etwas ______________________ (einkaufen)?

e) Ich habe ihn gestern ______________________ (kennenlernen).

f) Wir haben sie im Auto ______________________ (mitnehmen).

g) Wer hat denn ______________________ (anrufen)?

Punkte (max. 6): ____________

Name: ______ **T**

3. Was ist richtig?

a) Man hat sie gestern [A] *operieren* [B] *operiert* [C] *operiere.*
b) Was ist denn [A] *passiert* [B] *passieren* [C] *passierte?*
c) Hast du die Waschmaschine [A] *reparierst* [B] *reparieren* [C] *repariert?*
d) Wer hat das [A] *erzählt* [B] *erzählst* [C] *erzählen?*
e) Auf dem Parkplatz hat Dirk Angst [A] *bekommt* [B] *bekommen* [C] *bekomme.*
f) Das habe ich den Kindern [A] *verbieten* [B] *verbietet* [C] *verboten.*
g) Sie hat ihr Kind allein [A] *erzieht* [B] *erzogen* [C] *erziehe.*
h) Er hat heute mit der Polizei [A] *telefoniert* [B] *telefonierst* [C] *telefonieren.*

	A	B	C
a)		×	
b)			
c)			
d)			
e)			
f)			
g)			
h)			

Punkte (max. 7): ______

4. Was paßt?

[A] war	[C] wart	[E] hatte	[G] hattet
[B] warst	[D] waren	[F] hattest	[H] hatten

a) Warum bist du nicht gekommen? [*B*] du krank?
b) [ ] ihr im Urlaub Probleme?
c) Was ist passiert? [ ] du einen Unfall?
d) Dirk und seine Schwester [ ] müde.
e) Der Polizist [ ] sehr nett.
f) [ ] ihr im Theater oder in der Oper?
g) Ich [ ] gestern Besuch.
h) Wir [ ] auf der Reise viel Pech.

Punkte (max. 7): ______

Name:

5. Ordnen Sie.

Juli	Juni	Februar	September
August	März	November	Oktober
Dezember	Mai	April	Januar

a) *Januar* → b) ______ →

c) ______ → d) ______ →

e) ______ → f) ______ →

g) ______ → h) ______ →

i) ______ → j) ______ →

k) ______ → l) ______

Punkte (max. 11): ______

6. Welches Wort paßt nicht?

a) Theater, ~~Rathaus~~, Museum, Oper

b) Bahn, Fahrkarte, Fahrplan, Stadtplan, Abfahrt

c) Handwerker, Reise, Grenze, Paß

d) Bäckerei, Metzgerei, Buchhandlung, Supermarkt, Zentrum

e) Post, Polizei, Paket, Briefmarke, Brief

f) Osten, Westen, Flughafen, Süden, Norden

g) Schule, Kirche, Universität, Prüfung

Punkte (max. 6): ______

Name: **T**

7. Was ist richtig?

a) Wir stellen den Fernseher [A] auf den Tisch.
[B] auf dem Tisch.

b) Die Blume steht [A] auf den Boden.
[B] auf dem Boden.

c) Das Auto steht [A] an die Telefonzelle.
[B] an der Telefonzelle.

d) Ich stelle das Paket [A] an die Tür.
[B] an der Tür.

e) Er stellt das Fahrrad [A] hinter den Turm.
[B] hinter dem Turm.

f) Das Denkmal steht [A] hinter die Oper.
[B] hinter der Oper.

g) Die Metzgerei ist [A] neben die Post.
[B] neben der Post.

h) Ich lege den Fahrplan [A] neben die Tasche.
[B] neben der Tasche.

i) Der Vogel fliegt [A] unter das Bett.
[B] unter dem Bett.

j) Die Brille liegt [A] unter das Bett.
[B] unter dem Bett.

	A	B
a)	×	
b)		
c)		
d)		
e)		
f)		
g)		
h)		
i)		
j)		

Punkte (max. 9): ___________

Punkte gesamt (max. 63): ___________

T

Name:

Test für Lektion 9 und 10

1. Was paßt?

[A] mir	[C] Ihnen	[E] ihr	[G] euch
[B] dir	[D] ihm	[F] uns	[H] ihnen

a) Ich mag den Fisch nicht.
Der Fisch schmeckt [*A*] nicht.

b) Er hat eine Schallplatte bekommen.
Man hat [   ] eine Schallplatte geschenkt.

c) Sie hat bestimmt noch kein Wörterbuch.
Bestimmt fehlt [   ] ein Wörterbuch.

d) Wir haben ein Motorrad.
Das Motorrad gehört [   ] .

e) Verstehst du die Grammatik?
Soll ich [   ] die Grammatik erklären?

f) Braucht ihr Hilfe?
Soll ich [   ] helfen?

g) Die Kinder wollen den Hund sehen.
Bitte zeige [   ] den Hund.

h) Mögen Sie den Schmuck?
Gefällt [   ] der Schmuck?

Punkte (max. 7): __________

Name: **T**

2. Was paßt zusammen?

[A] Pfeife	[D] Dialekt	[G] Minister	[J] Reiseführer
[B] Plattenspieler	[E] Brücke	[H] Pferd	
[C] Feier	[F] Schmuck	[I] Gasthaus	

a) Politiker	[*G*]	f) Feuerzeug	[ ]
b) Geburtstag	[ ]	g) Tourist	[ ]
c) Hund	[ ]	h) Sprache	[ ]
d) Schallplatte	[ ]	i) Kette	[ ]
e) Kneipe	[ ]	j) Fluß	[ ]

Punkte (max. 9): ___________

3. Was ist richtig?

		A	B	C
a) Die Schallplatte kostet 50 DM? Das ist mir zu [A] *teuer* [B] *teurer* [C] *am teuersten.*	a)	×		
b) Mein Wörterbuch ist [A] *gut* [B] *besser* [C] *am besten* als dein Wörterbuch.	b)			
c) Ich liebe Tiere. [A] *Gern* [B] *Lieber* [C] *Am liebsten* mag ich Pferde.	c)			
d) (Eva: 160 cm; Maria: 165 cm) Maria ist 5 cm [A] *groß* [B] *größer* [C] *am größten* als Eva.	d)			
e) (Tisch 1: 80 cm; Tisch 2: 85 cm; Tisch 3: 90 cm) Tisch 3 ist [A] *hoch* [B] *höher* [C] *am höchsten.*	e)			
f) Du kannst nicht durch den Fluß schwimmen. Er ist zu [A] *breit* [B] *breiter* [C] *am breitesten.*	f)			
g) Ich fahre [A] *gern* [B] *lieber* [C] *am liebsten* mit dem Fahrrad als mit dem Auto.	g)			
h) Rüdiger Maaß hat jetzt [A] *viel* [B] *mehr* [C] *am meisten* Zeit als früher.	h)			

Punkte (max. 7): ___________

Name:

4. Was paßt?

[A] des Landes [B] dem Land [C] das Land

a) [*C*] hat viele Sehenswürdigkeiten.
b) Das Klima [ ] ist ziemlich kalt.
c) [ ] fehlen die Touristen, denn es ist arm.
d) Wir sind mit dem Motorrad durch [ ] gefahren.

[D] den Minister [E] der Minister [F] des Ministers [G] dem Minister

e) [ ] raucht gern Pfeife.
f) Die Frau [ ] ist Ingenieurin von Beruf.
g) Haben Sie mit [ ] gesprochen?
h) Die Beamten beraten [ ] .

[H] die Schauspielerin [I] der Schauspielerin

i) [ ] ist international bekannt.
j) Der Hund [ ] mag gerne Kuchen.
k) Was kann man [ ] zum Geburtstag schenken?
l) Die Leute lieben [ ] .

[J] die Lebensmittel [K] den Lebensmitteln [L] der Lebensmittel

m) [ ] sind im Kühlschrank.
n) Die Preise [ ] sind zu hoch.
o) Was sollen wir mit [ ] machen?
p) Wer hat [ ] eingekauft?

Punkte (max. 15): ___________

Name: **T**

5. Wie heißen die Jahreszahlen?

a) neunzehnhundertdreiundneunzig *1993*

b) neunzehnhunderteinundsechzig ___________

c) achtzehnhundertneunundneunzig ___________

d) dreizehnhundertsiebenundvierzig ___________

e) siebzehnhundertvierzehn ___________

f) sechzehnhundertachtzig ___________

Punkte (max. 5): ___________

6. Was paßt?

[A] Wie
[B] Wohin
[C] Wie lange
[D] Welcher
[E] Was
[F] Wann
[G] Wie viele
[H] Wo
[I] Wer

a) ■ [*D*] Fluß fließt durch den Bodensee?	▲ Der Rhein.
b) ■ [ ] trinkt man in München im Hofbräuhaus?	▲ Bier natürlich!
c) ■ [ ] Bundesländer hat Deutschland?	▲ Sechzehn.
d) ■ [ ] ist Goethe geboren?	▲ 1749.
e) ■ [ ] ist Goethe geboren?	▲ In Frankfurt.
f) ■ [ ] hat „Die Zauberflöte" komponiert?	▲ Mozart.
g) ■ [ ] fahren Sie im Urlaub?	▲ Nach Österreich.
h) ■ [ ] machen Sie Urlaub?	▲ Drei Wochen.
i) ■ [ ] groß ist der Bodensee?	▲ 538 Quadratkilometer.

Punkte (max. 8): ___________

Punkte gesamt (max. 51): ___________

Lektion 1

→ TK 1

Seite 11, Übung 8. Postkarten

a) Gespräch 1

\# Frau Weyer, bitte die Adresse von Herrn Alatzas.
\+ Wie bitte? Alatzas?
\# Ja, A - l - a - t - z - a - s.
\+ Ah, ja, hier. Alatzas. Vorname: Dimitri.
\# Dimitri? Bitte buchstabieren Sie.
\+ D - i - m - i - t - r - i. Die Adresse ist Steinstraße 16, Bonn.
\# Und die Postleitzahl?
\+ Die ist 53175!
\# Danke.

b) Gespräche 2 und 3

\# Frau Weyer, bitte auch die Adresse von Paula Miehl.
\+ Miehl mit „i-e“ oder mit „h“?
\# Mit „i-e“ und „h“. Also M - i - e - h - l.
\+ Moment ... Frau Miehl wohnt in 89431 Bächingen. Bauerstraße 56. Bächingen mit a-Umlaut.
\# Bauerstraße 56, 89431 Bächingen.
\+ Mit a-Umlaut.
\# Ja, ja, genau. Danke, Frau Weyer. Ach, und bitte auch noch die Adresse von Herrn Theissen aus Detmold.
\+ Gern. – Hier: Frank Theissen.
\# Ist das mit Eszett oder Doppel-„s“?
\+ Mit Doppel-„s“. Und mit „t-h“. Der wohnt Eichenweg 24, 32756 Detmold. Detmold mit einem „t“.
\# Wie? Mit einem ...? Ja, natürlich mit einem „t“. Wie man's sagt: D - e - t - m - o - l - d. Nicht wahr?
\+ Ja, genau.

→ TK 2

Seite 16, Übung 16. Hören Sie!

Studentin, 23:

Tja, was kann ich über mich erzählen? Ich gehe sehr gern in Konzerte. Rock-Konzerte, meine ich. – Ich bin Studentin, Medizinstudentin. Ich mache bald Examen. – Ach ja, und ich mache viel Sport. Schwimmen und Tennis. Ich gehe drei- oder viermal pro Woche ...

Ingenieurin, 34:

Wie ich lebe? Also, ja, wie lebe ich? Ich bin verheiratet und habe zwei Kinder. Michael ist vier Jahre alt, Susanne zwei. Deshalb bin ich zu Hause. Mein Mann ist Physiker. – Ich bin nicht sehr gerne Hausfrau. Na ja, es geht. Ich bin gern mit den Kindern zusammen. Aber wenn die in vier Jahren in die Schule gehen, dann möchte ich auch wieder arbeiten. Ich bin Ingenieurin, ...

Programmierer, 40:

Ich lebe allein, bin ledig. Mein Job ist ganz okay, ich verdiene gut. Ich bin Programmierer. Ich arbeite aber auch viel. – Und sonst ... Ich reise gern. Ja, und dann mach ich unheimlich gern, also, äh, Surfen und Tennis. Das sind zwei Dinge, die mir wirklich Spaß machen. Besonders Tennis. Und dann bin ich auch ein Jazzfan. Ich mag besonders Free Jazz und gehe sehr viel in Konzerte ...

→ TK 3

**Seite 18, Übung 21.
Hören Sie das Gespräch.**

* Fahren Sie bis München?
\+ Nein, nur bis Nürnberg. Möchten Sie mit?
* Ja, gern.
\+ Woher kommen Sie denn?
○ Aus Sanitz.
\+ Sanitz? Wo liegt das denn?
○ Bei Rostock.
\+ Ach, bei Rostock. So so. Wohnen Sie da?
* Ja.
\+ Sind Sie Studenten?
* Ja.
\+ Und was studieren Sie?
○ Ich Medizin.
* Und ich Musik.
\+ Musik? Da spielen Sie also ein Instrument?
* Ja, natürlich. Klavier.
\+ Schön! Was spielen Sie denn so?
* Na ja, im Moment Chopin, etwas Mozart ...
\+ Ah ja.
○ Wie weit ist es noch bis Nürnberg?
\+ So etwa 85 oder 90 Kilometer.
○ Wohnen Sie in Nürnberg?
\+ Nein, ich wohne in Fulda. In Nürnberg besuche ich meine Mutter. Sie hat heute Geburtstag.
○ Wie alt ist Ihre Mutter denn?
\+ 93.
* 93 Jahre?
\+ Ja. Und sie ist noch sehr aktiv.
○ Das ist ja toll.

Lektion 2

→ TK 4

Seite 27, Übung 7. Zahlen bis 1000
Text a

\# Und jetzt, meine Damen und Herren, ein Elektroherd mit vier Platten und Backofen, zwei Jahre alt. Mindestgebot 120 Mark. Wir beginnen. Wer bietet?
(1) 120.
(2) 130.
\# 130 sind geboten. Wer bietet mehr?
(3) 140.
\# 140, meine Damen und Herren.
(1) 160.
(2) 180.
\# 180 Mark für den Elektroherd. Wer bietet mehr? ... Niemand? ... Also dann 180 zum ersten, 180 zum ...
(1) 185.
(2) 187.
\# Die Dame bietet 187. Wer bietet mehr? ... Niemand? Also 187 zum ersten, zum zweiten und ... 187 zum dritten. 187 Mark für den Elektroherd.

Text b

\# Ein Tisch. Ein Eßtisch. Buche massiv. Das Mindestgebot 200 Mark. Wer bietet?
(1) 200.
(2) 220.
(1) 225.
(3) 250.
\# 250 Mark. Niemand bietet mehr? 250 zum ...
(1) 254.
(2) 256.
(1) 259.
\# 259. Also 259 zum ersten, zum zweiten und zum dritten.

Text c

\# Nun der Schrank dort. Front Eiche massiv, Korpus Eichenfurnier. 700 Mark ist das Mindestgebot. Wer beginnt?
(4) 700.
(3) 750.
(4) 790.
(3) 798.
(4) 820.
(3) 823.
(4) 833.
\# 833. Wer bietet mehr? ... 833 sind geboten ... Keiner? 833 zum ersten, zum zweiten und ... 833 zum dritten.

Text d

\# Jetzt ein Kühlschrank. Er ist fast neu. Inhalt 228 Liter. Wir beginnen bei 310 Mark. Bitte, wer bietet?
(1) 310.
(2) 330.
(1) 340.
(3) 341.
\# 341. Nur 341?
(1) 344.
(3) 348.
(1) 353.
\# 353 für den Kühlschrank. ... 353 zum ersten, zum zweiten und zum dritten.

Text e

\# Ein Radio steht zur Versteigerung. 50 Mark das Mindestgebot. Wer bietet?

(1) 50.
(2) 75.
(1) 90.
(3) 110.
(1) 111.
111? Wer bietet mehr?
(4) 112.
112? Wer bietet mehr? Keiner? Also dann 112 zum ersten, zum zweiten und ...
(4) 120.
120. 120 sind geboten. 120 zum ersten, zum zweiten und 120 zum ... dritten.

Text f

Ein Fernsehgerät, ein Jahr alt. Neuwert 2600 Mark. Mindestgebot: 700 Mark. Wer bietet?
(1) 700.
(3) 800.
(2) 810.
(4) 850.
850? Ist das alles?
(2) 900.
(4) 905.
(2) 908.
908 bietet der Herr. Wer bietet mehr? Niemand? Also 908 zum ersten, zum zweiten und ... zum dritten. 908 für den Fernseher.

Text g

Jetzt diese Herren-Armbanduhr. Wer bietet?
(1) 15.
(2) 20.
(3) 25.
(4) 27.
27 sind geboten. 27. Wer bietet mehr?
(3) 29.
(2) 30.
(3) 32.
32 Mark. Wer bietet mehr? ... Niemand? Gut, also 32 zum ersten, zum zweiten und 32 ... zum dritten.

→ TK 5

Seite 29, Übung 8. Hören Sie die Dialoge.

Dialog a.

Entschuldigen Sie! Was ist das denn?
+ Das ist mein Fernsehapparat.
# Was sagen Sie? Ihr Fernsehapparat?
+ Ja, das ist mein Fernsehapparat.
# Funktioniert er?
+ Ja, er ist neu.
# Mmh ..., er ist sehr originell.

Dialog b.

Sag mal, was ist das denn?
+ Das ist meine Spüle.
# Wie bitte? Das ist deine Spüle?
+ Ja. Sie ist sehr praktisch.
# Äh ..., sie ist sehr lustig.

Dialog c.

Entschuldigen Sie, was ist das denn?
+ Das sind meine Stühle.
# Wie bitte? Das sind Ihre Stühle?
+ Ja, meine Stühle. Warum fragen Sie?
# Mmh ..., sie sind sehr modern. Sind sie auch bequem?
+ Ja.

Dialog d.

Sag mal, was ist das denn?
+ Das ist meine Waschmaschine.
# Wie bitte? Was sagst du?
+ Das ist meine Waschmaschine!
# Und funktioniert sie auch?
+ Ja, kein Problem.
# Äh ..., sie ist sehr witzig.

→ TK 6

Seite 30, Übung 10. Hören und Sprechen.

Dialog a.

Mein Auto fährt nicht.
+ Was sagst du? Dein Auto fährt nicht?
# Ja, es ist kaputt. Es fährt nicht.
+ Nein, nein, es ist nicht kaputt. Das Benzin ist alle.
# Ach so!

Dialog b.

Mein Radio funktioniert nicht.
+ Was sagst du? Dein Radio funktioniert nicht?
# Ja, es ist kaputt. Es funktioniert nicht.
+ Nein, nein, es ist nicht kaputt. Der Stecker ist raus.
# Ach so.

Dialog c.

Mein Kugelschreiber schreibt nicht.
+ Was sagst du? Dein Kugelschreiber ist kaputt?
# Ja, er ist kaputt. Er schreibt nicht.
+ Nein, nein, er ist nicht kaputt. Die Mine ist leer.
# Ach so!

Dialog d.

Meine Spülmaschine spült nicht.
+ Was sagst du? Deine Spülmaschine geht nicht?
# Ja, sie ist kaputt. Sie geht nicht.
+ Nein, nein, sie ist nicht kaputt. Der Wasserhahn ist zu.
# Ach so.

Lektion 3

→ TK 7

Seite 36, Übung 3. Wer mag keinen Fisch?

Interview mit Franz

Franz, ich glaube, du bist ein Fan von MacDonalds?
+ Ja, stimmt. Hamburger und Pommes frites esse ich sehr gern.
# Und Pizza, und Eis?
+ Okay, okay. Ich weiß schon. Hamburger, Pizza, Pommes frites, Eis: pfui, pfui, pfui. Gemüse, Obst, Salat: gut, gut, gut. Wie meine Mutter!
# Ißt du kein Gemüse?
+ Doch, ich esse manchmal auch Obst und Gemüse. Aber keinen Salat. Und Käse – Käse esse ich auch nicht.
# Und trinkst du nur Cola, oder trinkst du auch Bier?
+ Nein, ich trinke keinen Alkohol. Kein Bier, keinen Schnaps, keinen Wein. Ist doch gut, oder?

Interview mit Clara Mai

Frau Mai, essen Sie manchmal auch Eis oder Kuchen?
+ Nein, ich esse kein Eis. Kuchen auch nicht. Lieber Obst. Fisch esse ich sehr gern. Ich esse auch Fleisch, aber Fisch esse ich lieber.
# Und morgens essen Sie immer ein Ei und ein Brötchen?
+ Nein, manchmal esse ich auch ein Brötchen mit Marmelade oder ein Käsebrot. Wurst esse ich nie. Ich mag keine Wurst.
# Und mittags einen Hamburger mit Pommes frites wie Franz Kaiser? Essen Sie das auch manchmal?
+ Einen Hamburger? Na ja, manchmal. Aber Pommes frites esse ich nie. Und ich trinke auch keine Cola.
# Aber Sie trinken Wein und Bier?
+ Nein, Bier trinke ich nicht.

Interview mit Thomas Martens

Herr Martens, Sie trinken gerne Bier. Trinken Sie auch gerne Wein?
+ Ja, Wein trinke ich auch, aber lieber Bier. Ich trinke eigentlich alles, nur kein Wasser.
# Und was essen Sie gern?
+ Ich esse sehr gern Fleisch und Wurst, eigentlich alles. Nur Fisch mag ich nicht. Ich esse nie Fisch.
# Also Fisch und Wasser mögen Sie nicht?
+ Ja! Das paßt doch gut, oder? Naja, und Reis ist auch nicht mein Fall. Kartoffeln, Nudeln, Pommes frites, das mag ich. Aber Reis ..., nein, Reis mag ich nicht.

→ TK 8

Seite 38, Übung 7. Hören Sie die Gespräche.

Hörtext 1

Herr Ober, wir möchten bestellen.
+ Bitte schön.

* Ich möchte eine Zwiebelsuppe und einen Schweinebraten.
+ Einen Schweinebraten und eine Zwiebelsuppe. Und was möchten Sie trinken?
* Ein Bier, bitte.
+ Und die Dame?
# Ich nehme eine Fischplatte und ein Glas Weißwein.
+ Eine Fischplatte und einen Weißwein. … Und du, möchtest du auch etwas essen?
= Ja, eine Bratwurst mit Pommes und eine Limo.
Eine Bratwurst mit Pommes und eine Limonade.
+ Das ist alles?
* Ja, danke.

Hörtext 2

* Fräulein, bitte, wir …
+ Moment, bitte, ich komme sofort.
# Fräulein!
+ Ja, sofort. So jetzt. Bitte schön?
# Ich möchte ein Brathähnchen.
* Ich auch, aber bitte mit Pommes frites, keinen Reis. Geht das?
+ Nein, Brathähnchen gibt es nur mit Reis.
* Also gut, dann mit Reis.
+ Also zwei Brathähnchen mit Reis. Und was möchten Sie trinken?
# Zwei Glas Bier.
+ Danke!

Hörtext 3

Herr Ober, ich möchte bestellen.
+ Bitte schön, was bekommen Sie?
* Eine Rindfleischsuppe und eine Bratwurst.
+ Mit Brot oder mit Pommes frites?
* Mit Kartoffelsalat.
+ Gut, also eine Bratwurst mit Kartoffelsalat. Und du?
= Ich möchte einen Bratfisch.
+ Möchtest du auch eine Suppe?
= Nein danke. Nur den Bratfisch, bitte.
+ Und Getränke? Was möchten Sie trinken?
* Ein Bier, bitte.
= Ich möchte eine Cola.
+ Ein Cola und ein Bier. Danke schön!

+ So, hat's geschmeckt?
* Ja, danke.
+ Möchten Sie ein Dessert?
* Nein danke, ich nicht.
= Ein was?
* Einen Nachtisch.
= Mmh, einen Nachtisch, mmh ja, ein Eis mit Sahne, bitte.

→ TK 9

Seite 39, Übung 10. Dialogarbeit

Gespräch A

Wir möchten bitte bezahlen.
+ Zusammen oder getrennt?
# Getrennt, bitte.
+ Und was bezahlen Sie?
# Das Kotelett und das Bier.
+ Das macht 18 Mark.
# 20 bitte.
+ Vielen Dank!
* Und ich bezahle die Bratwurst und die Cola.
+ Das macht 13 Mark 60.
* 15 Mark, bitte.
+ Danke schön!

Gespräch B

Wir möchten bitte bezahlen.
+ Getrennt oder zusammen?
# Getrennt, bitte.
+ Und was bezahlen Sie?
# Den Apfelkuchen und den Kaffee.
+ Das macht 5 Mark 50.
# 6 Mark, bitte.
+ Danke!
* Und ich bezahle die Fischplatte und den Weißwein.
+ Das macht 20 Mark 90.
* 23, bitte.
+ Vielen Dank!

→ TK 10

Seite 39, Übung 13. Hören Sie die Gespräche. Ergänzen Sie die Preise.

Gespräch 1

Bezahlen bitte!
+ Sofort, ich komme.
So jetzt. Das waren:
1 Schinkenplatte, 11 Mark 50,
2 Hähnchen, 25 Mark,
2 Gemüsesuppen, 9 Mark 80,
5 Bier, 16 Mark,
3 Kaffee, 6 Mark 60 und
2 Eis mit Sahne, 8 Mark.
Das macht 76 Mark 90.
80 Mark, bitte.
+ Vielen Dank! Und 20 zurück, bitte schön.
# Danke.

Gespräch 2

Hallo, ich möchte bezahlen.
+ Moment bitte, ich komme sofort.
So jetzt. Sie möchten bezahlen. Also das waren:
3 Bratfische, 47 Mark 10,
2 Rindersteaks, 49 Mark 60,
3 Obstkuchen, 10 Mark 50,
4 Cola, 11 Mark 20,
1 Kaffee …
Nein, zwei Kaffee.
+ Ach ja, also
2 Kaffee, 4 Mark 40.
Und noch was?
Ja, zwei Apfelkuchen.
+ Und zwei Apfelkuchen, 6 Mark 60.
Das macht 129 Mark und 40.
140, bitte.
+ Vielen Dank! Sie bekommen 60 Mark zurück.
# Danke.

Gespräch 3

Wir möchten bezahlen.
+ Komme sofort. Einen Moment, bitte.
So, jetzt. Sie möchten bezahlen. Das waren: … ?
2 Zwiebelsuppen, eine Bratwurst und ein Schweinebraten.
+ 2 Zwiebelsuppen, 12 Mark,
1 Bratwurst. Mit Brot?
Nein, mit Pommes frites.
+ 1 Bratwurst mit Pommes, 10 Mark 80,
1 Schweinebraten, 17 Mark 90.
Und die Getränke: 4 Rotwein und zwei Tassen Tee.
+ 2 Tee, 4 Mark 40,
4 Rotwein, 24 Mark.
Ach ja, und zwei Obstkuchen.
+ Ah ja, und 2 Obstkuchen, 7 Mark.
Zusammen macht das 76 Mark 10, bitte.

→ TK 11

Seite 40, Übung 15.
Kommst du zum Abendessen?

Aber jetzt müssen wir wirklich essen, sonst sterbe ich vor Hunger!
Was möchtest du denn trinken?
Rotwein? Weißwein?
+ Was trinkst du denn?
# Lieber Rotwein.
+ Also Rotwein.
# Probier mal! Ist er gut? Nicht zu kalt?
+ Nein, nein. Der Wein ist gut so. Prost Markus, auf dein Wohl!
# Prost. So, Moment! Gleich kommt die Suppe …
Also dann: Guten Appetit!
+ Ja, danke! Gleichfalls! – Hmh, die Suppe schmeckt sehr gut!
# Wirklich?
+ Ja, wirklich. Die Suppe ist phantastisch.
# Vielen Dank! …
So, bitte schön!
+ Danke! … Das Steak schmeckt sehr gut!
# Und der Salat? Ich finde, er ist ein bißchen zu salzig.
+ Nein, nein! Der Salat ist okay. Du kochst wirklich sehr gut.
# Nimm doch noch etwas Salat!

+ Nein, danke! Es schmeckt phantastisch, aber ich bin jetzt satt.
# Aber noch ein Glas Wein?
+ Ja, gern.
# Zum Nachtisch gibt es Eis mit Früchten.
+ Hmh. Sehr gut.

→ TK 12

Seite 41, Übung 17. Lesen Sie die Anzeige.

Guten Morgen, meine Damen und Herren. Bitte beachten Sie unsere Sonderangebote. Wir bieten heute: Jever Pils, eine Kiste mit 24 Flaschen für nur 14 Mark 98.
Ein Pfund Ideal-Kaffee für nur 8 Mark 85.
Vollkornbrot, 500-Gramm-Packung für 1 Mark 29.
Käse aus Holland: 100 g Edamer für 99 Pfennig.
Tomaten aus Marokko, das Pfund für 2 Mark 22.
Schokoladen- oder Nußeis, 500-g-Becher für 1 Mark 99.

→ TK 13

Seite 43. Übung 21.
Hören Sie die Gespräche auf der Kassette.

Gespräch Nr. 1

Oh, ich glaube, …
+ Was?
# Prost, der schmeckt wirklich gut!
+ Prost!
# Weiße Rosen aus Athen, sagen dir …
+ Wollen wir tanzen?
# Oh ja! Komm!

Gespräch Nr. 2

Also, das Essen, wirklich phantastisch!
+ Nimm doch noch Fleisch!
# Nein, vielen Dank! Ich bin so satt. Ich kann wirklich nichts mehr essen.
+ Ich auch nicht.
* Ich glaube, wir brauchen einen Schnaps. Was meinst du, Thomas?
# Oh ja, gerne! … Ja, der ist schön kalt.
* Prost!
# Prost!
+ Prost!
* Ah …, das ist gut. Und jetzt noch einen Kaffee …

Gespräch Nr. 3

Papa, ich möchte eine Cola.
+ Hier hast du 2 Mark.
# Uh, ist das warm heute!
* Ja, das macht Durst. Prost!
+ Ja, Prost! Sonst wird das Bier auch noch warm.
* Ah …, gut!
# Papa, Papa! Die Cola kostet 2 Mark 20.
+ Komm, wir gehen z… ! Dann hole ich auch noch z… r.

Gespräch Nr. 4

Bitte schön!
+ Ja, in Ordnung.
# So, zum Wohl!
+ Ich finde, der Wein ist zu warm.
* Ja, er ist ein bißchen zu warm. Aber er schmeckt ganz gut.
+ Na ja. Also dann, auf dein Wohl!
* Prost!

Lektion 4

→ TK 14

Seite 49, Übung 7. Erkennen Sie die Situation? Hören Sie gut zu!

Situation Nr. 1

* Na, wo ist er denn bloß …?
Na endlich; sooo …

Situation Nr. 2

—

Situation Nr. 3

* Nur das neue Flora schaft den Schmutz weg, gründlich, ohne Ringe. Und Flora ist jetzt noch günstiger. Mit dem neuen …
# So'n Quatsch!
• Jetzt ist wieder die Borussia im Ballbesitz. Schneider zögert, könnte nach rechts spielen …
Oh, nein!
" Ich schau dir in die Augen, Kleines.
Schon wieder! Na also!
○ Guten Abend, meine Damen und Herren, hier sind die Nachrichten des Tagesspiegels. In München sind heute ...

Situation Nr. 4

—

Situation Nr. 5

—

Situation Nr. 6

+ So, was gibt es denn hier? … Cognac, Zigaretten. – Kaffee. – Parfum, …hmm …
* Heute zum Sonderpreis: Deutscher Sekt „Schloß Auerbach“, die Flasche zu sieben Mark achtundzwanzig.
+ Was brauche ich denn? Ach ja, Sonnenöl …

Situation Nr. 7

* So, nun stellt euch mal da hinten auf … ja schön … Nein, Martha so geht das nicht, weiter links! Ja, gut so! Und Florian, du mußt noch ein klein bißchen nach vorn, ja … ja … und: lächeln …
Ach verdammt, das war zu früh! Jetzt müssen wir das Ganze nochmal machen. Also, Kinder, bleibt …

→ TK 15

Seite 49, Übung 8. Dialog

* Was machen Sie denn da?
# Ich rauche eine Zigarette.
* Hier dürfen Sie aber nicht rauchen.
# Warum nicht?
* Das ist verboten.
# Na gut, dann höre ich eben auf.

→ TK 16

Seite 49, Übung 9.
Hören Sie die Dialoge a) und b) auf der Kassette und ergänzen Sie.

Dialog A

Was machst du da?
* Ich lese, das siehst du doch.
# Das geht aber nicht!
* Warum darf ich nicht lesen?
# Du mußt jetzt schlafen.
* Wer sagt das?
# Ich!

Dialog B

Hallo, ihr, was macht ihr da?
* Wir spielen.
# Hier dürft ihr aber nicht spielen.
* Warum denn nicht?
# Das ist hier verboten.
* Na gut, dann hören wir eben auf.

→ TK 17

Seite 49, Übung 10.
Hören Sie die Dialoge c) und d) auf der Kassette.

Dialog c

Na hören Sie mal, was machen Sie da?
* Ich mache ein Foto.
# Das geht aber nicht! Hier dürfen Sie keine Fotos machen.
* Nein? Wer sagt das?
# Können Sie nicht lesen? Sie sehen doch das Schild da!
* Ach so … Na, dann mache ich eben kein Foto.

Dialog d

* … dann wollte er noch frech werden, aber da habe ich gesagt …
# He, Sie müssen leise sprechen.
* Warum das denn?
# Hier ist eine Bibliothek. Da dürfen Sie nicht laut sprechen!
* Ach so. Entschuldigung. Dann sprechen wir jetzt leise.

→ TK 18

Seite 53, Übung 18. Wie spät ist es?

Situation Nr. 1

\# Beim letzten Ton ist es 9 Uhr 45.

Situation Nr. 2

\# Wilhelm! ...Wilhelm, aufstehen!
* —
\# Wilhelm, es ist zehn vor sieben; du mußt aufstehen.
* —
\# Mein Gott, zehn vor sieben, und der schläft immer noch.

Situation Nr. 3

\# Komm, wir müssen gehen. Das Kino fängt um acht Uhr an.
* Wir haben doch noch Zeit. Es ist erst Viertel nach sieben.
\# Stimmt! Viertel nach sieben! Wir müssen gehen!
* Warte, ich muß erst noch ...

Situation Nr. 4

\# 15 Uhr. Vom Norddeutschen Rundfunk hören Sie die Nachrichten. Berlin. Bei seinem Besuch in Berlin macht ...

Situation Nr. 5

\# ... und die Aufführung war wie soll ich sagen ...
\+ Ich habe gelesen, sie ...
\# Also ich weiß nicht, eigentlich war sie schon gut, aber ...
* Oh, jetzt müssen wir aber gehen ...
\+ Ach, es ist doch gerade so nett ...
* Nein, wir müssen jetzt gehen. Ich muß morgen arbeiten.
\# Ja, Doris hat recht, ich muß ja auch früh aufstehen.
\+ Das ist aber schade ... Wir können doch ...

Situation Nr. 6

\# Ach, Entschuldigung, wie spät ist es bitte? Meine Uhr steht.
* Moment, ... es ist 17 Uhr 20.
\# Zwanzig nach fünf ... Danke schön!
* Bitte ...

Situation Nr. 7

\# Wow! Na endlich! Jetzt geht es!
* Sag mal, weißt du, wie spät es ist?
\# Hmm, ja, fünf nach halb drei ...
* Jawohl! Fünf nach halb drei! – Kommst du jetzt endlich?
\# Moment noch, ich muß nur noch ...

Situation Nr. 8

„HUUUU!" „HAAAA!" „AHHHHHH!"

→ TK 19

Seite 53, Übung [illegible].
Partnerübung: Hören Sie zwei weitere Dialoge auf der Kassette.

Erster Dialog

\# Hallo!
* Grüß dich!
\# Na, hast du morgen nachmittag schon etwas vor?
* Nein, ...
\# Ich möchte gern tanzen gehen. Hast du Lust?
* Warum nicht? Wann fängt das denn an?
\# Um Viertel vor vier.
* In Ordnung. Dann treffen wir uns um halb vier. Okay?
\# Ja, gut. Bis dann!

Zweiter Dialog

\# Tag, wie geht's?
* Gut. Und dir?
\# Auch gut. Sag mal, hast du morgen abend schon etwas vor?
* Ja, ich möchte gern den Film mit Gary Cooper sehen. Kommst du mit?
\# Tut mir leid. Ich möchte lieber das Konzert hören. Möchtest du nicht auch?
* Nee, nee, ich sehe lieber den Film ...
\# Na gut, dann vielleicht das nächste Mal.
* Ja, gern. Vielleicht ...

→ TK 20

Seite 54, Übung 23.
Manfred hat nie Zeit ...

\# Schneider ...
* Brigitte hier. Grüß dich, Manfred, wie geht's?
\# Na ja, ganz gut. Und dir?
* Danke, gut. – Du, Manfred, hast du heute abend schon was vor?
\# Ja, ich gehe ins Kino mit Hans ...
* Schade. Und wie ist es morgen abend? Ich möchte mal wieder essen gehen.
\# Nein, da geht es leider auch nicht. Ich muß bis zwanzig Uhr arbeiten.
* Und Mittwoch? Hast du da Zeit?
\# Nee, du ..., da kommt Werner aus Hamburg. Wir müssen zusammen lernen.
* Und am Donnerstag, da hast du doch Italienischkurs, oder?
\# Genau, da mache ich Italienisch ...
* Und Freitag abend?
\# Du, es tut mir wahnsinnig leid, da gehe ich schwimmen.
* Ach Mensch, wann hast du denn mal frei?
\# Also, hmmm, mal sehen, Sonntag in zwei Wochen, da geht es ...
* Sonntag in zwei Wochen? Du, Manfred – da habe ich keinen Hunger mehr ...
\# Puhhh!

Lektion 5

→ TK 21

Seite 59, Übung 4. Hören Sie den Dialog.

\# Hallo Michael! Was macht deine Wohnung?
\+ Alles okay.
\# Und wann ziehst du um?
\+ Am Wochenende.
\# Du, sag mal, brauchst du noch Möbel?
\+ Ja, warum fragst du?
\# Weißt du, ich habe eine Kommode. Die möchte ich gern verkaufen.
\+ Oh, gut. Eine Kommode brauche ich noch. Ich habe schon einen Kleiderschrank, aber der ist sehr klein. Was willst du denn für die Kommode haben?
\# Na ja, 50 Mark.
\+ Okay, das ist nett.
\# Und sonst hast du alles?
\+ Nein, ich brauche noch ein Bett ...
\# Ja, ein Bett ist wichtig. Ist die Küche denn schon komplett?
\+ Nicht ganz. Einen Herd und einen Kühlschrank habe ich. Ich brauche noch eine Lampe und ein Regal. Das reicht dann.
\# Einen Küchentisch brauchst du nicht?
\+ Nein, ich esse im Wohnzimmer. Die Küche ist sehr klein, weißt du.
\# Ach so!
\+ Aber das Wohnzimmer ist ziemlich groß. Eine Couch und zwei Sessel habe ich schon. Den Eßtisch und Stühle muß ich noch kaufen.
\# Zieh doch erst mal um.
\+ Ja, ja, das mache ich auch. Morgen will ich das Bett kaufen. Die anderen Sachen haben noch Zeit.
\# Wann willst du denn die Kommode holen?
\+ Ich weiß noch nicht, morgen vielleicht oder ...

→ TK 22

Seite 61, Übung 7. Hören Sie die Dialoge.

Erster Dialog

\# Schau mal! Hier sind Lampen. Hast du schon welche?
\+ Nein, ich habe noch keine.
\# Wie findest du denn die dort?
\+ Meinst du die für 122 Mark?
\# Nein, die da.
\+ Die finde ich zu modern, die mag ich nicht.
\# Und die hier? Magst du die?
\+ Die ist schön. Was kostet die denn?
\# 98 Mark.

Zweiter Dialog

\# Guck mal, hier gibt es Vorhänge. Hast du schon welche?
\+ Nein, ich habe noch keine.
\# Findest du den gut?
\+ Nein, der ist doch häßlich.
\# Und wie findest du den da.
\+ Der sieht nicht schlecht aus. Wie teuer ist der denn?
\# 196 Mark.

→ TK 23

Seite 61, Übung 9. Hören Sie das Gespräch.

\# Deine Wohnung ist sehr schön. Wirklich ganz toll.
\+ Ja, ich bin auch ganz zufrieden.
\# Und was sagen deine Eltern dazu?
\+ Na ja. Sie finden die Wohnung auch gut, aber meine Mutter, na ja ... Sie glaubt, ich bin immer noch ein Kind. Sie möchte mich immer zu Hause haben. Dabei gibt es dauernd Ärger.
\# Na ja.
\+ Doch, doch. – Ich will jetzt mein Leben leben.
\# Das verstehe ich.
\+ Weißt du, zu Hause darf ich nicht rauchen. Ich darf keine Musik hören. Ich darf nicht ...
\# Was? Keine Musik hören?
\+ Na ja, nur ganz leise. Und dann immer die Fragen: Was machst du heute abend? Wohin gehst du? Wann kommst du nach Hause?
\# Ja, das kenne ich. Wie meine Mutter.
\+ Jetzt bin ich ganz frei, weißt du ... Augenblick mal! ... Ja, ja. Ja, natürlich. Ja, vielen Dank. Bis morgen ... Meine Mutter. Sie will morgen kommen und abwaschen und die Wohnung aufräumen.
\+ Das ist doch ganz nett. Oder?
\# Findest du? ...

→ TK 24

Seite 63, Übung 14.
Hören Sie die Gespräche.

Herr und Frau Höpke

\# Na, liest du die Wohnungsanzeigen?
\+ Ja ...
\# Und? Was gibts?
\+ Hmh ... wie immer. Hier in Seckbach: 4 Zimmer, Terrasse, 2 Bäder. Nur 2000 Mark. Plus Nebenkosten.
\# Und weiter?
\+ Eine Wohnung in Maintal. „Kinder willkommen", steht hier. Na schön. Mit Balkon und Garage. Kostet 1400 plus Nebenkosten und Kaution.
\# Wieviel Kaution?
\+ Das steht hier nicht. Aber die Wohnung ist doch sowieso zu teuer. Mit Nebenkosten kostet sie mindestens 1600. Das können wir doch nicht bezahlen.
\# Und sonst?
\+ Da ist noch eine im Nordend ... 1580 ... Aber hier, hör mal: billig wohnen und Geld verdienen, 4-Zimmer-Wohnung für Hausmeister frei, Frankfurt West, 97 m^2, Balkon, 2 Toiletten, ruhig, Garten, pro Woche 10 Stunden Hausmeisterarbeit.
\# Und was kostet die?
\+ 1180, plus Nebenkosten.
\# Das geht doch! Das ist doch nicht so teuer. Mensch, Balkon und Garten ..., also die Wohnung möchte ich haben.
\+ Aber 10 Stunden pro Woche Hausmeisterarbeit.
\# Ja, da verdienen wir noch ein bißchen Geld dazu. Bestimmt kann ich auch etwas machen. Putzen oder Arbeit im Garten. Ist da eine Telefonnummer?
\+ Ja.
\# Komm, da rufen wir gleich mal an.
\+ Rufst du an?
\# Ja, sag mir mal die Nummer.

Herr und Frau Wiegand

\# Na, suchst du mal wieder ein Haus für uns?
\+ Na ja, ich schau ja nur mal. Hier ..., ein Reihenhaus in Eschersheim ..., mit Hobbyraum, Sauna und Garten ..., 2400, plus Nebenkosten.
\# Eschersheim ist nicht schlecht, aber Reihenhaus, ich weiß nicht. Ich mag keine Reihenhäuser.
\+ Hier ist noch ein Haus in Praunheim.
\# Reihenhaus?
\+ Nein, nein. Ein Einfamilienhaus, 5 Zimmer, 2 Bäder, Garten und Garage. Es kostet 2600 plus Nebenkosten und Kaution.
\# Das sind dann etwa 3000 Mark pro Monat. Willst du das wirklich bezahlen?
\+ Die anderen Häuser kosten noch mehr. Traumhaus in Bergen-Enkheim, 3200 plus Nebenkosten ..., oder hier: Luxusbungalow in Bad Homburg für 4850.
\# Ja, ja, ich weiß schon, aber wir wollen doch kein Luxushaus. Dann arbeiten wir nur noch für die Miete.
\+ Natürlich, aber das Haus in Praunheim. Das können wir schon bezahlen.
\# Ja, wir können schon. Aber ich will auch leben, nicht nur wohnen. Ich will gut essen und zweimal im Jahr Urlaub machen. 3000 Mark pro Monat, das ist doch verrückt.
\+ Wir können das Haus doch mal anschauen. Nur mal so. Das kostet doch nichts.
\# Na gut, also ...

→ TK 25

Seite 66, Übung 18. Interview.
Haben Sie Ärger mit Nachbarn?

Interview 1

○ Entschuldigen Sie, wir machen eine Umfrage für den Hessischen Rundfunk zum Thema „Haben Sie Ärger mit Nachbarn".
* Ärger mit den Nachbarn? Na, wissen Sie, wir wohnen in einem Mietshaus.
○ Ist das Haus groß?
* Nein, nicht so groß. Im Haus sind sechs Wohnungen. Wir wohnen ganz oben.
○ Und Ihre Nachbarn, sind die nett?
* Eigentlich schon. Aber sehen Sie, die Kinder sind noch klein. Natürlich machen sie auch mal Lärm. Da gibt es manchmal Ärger.
\+ Ich mach keinen Lärm, Mama.
○ Vielen Dank.

Interview 2

○ Guten Tag, ich komme vom Hessischen Rundfunk. Wir machen eine Umfrage zum Thema „Ärger mit Nachbarn".
* Nein, ich habe keinen Ärger mit den Nachbarn. Wissen Sie, ich kenne meine Nachbarn gar nicht.
○ Sie kennen Ihre Nachbarn nicht?
* Nein, es gibt praktisch keinen Kontakt. Man sagt „Guten Tag" und „Guten Morgen", aber sonst gibt es keinen Kontakt.
○ Darf ich fragen, wo Sie wohnen?
* Ich wohne in einem Hochhaus. Es gibt elf Stockwerke, und vielleicht etwa 50 Wohnungen. Ich habe ein Appartement im neunten Stock.
○ Vielen Dank.

Interview 3

○ Guten Tag, wir machen Interviews für den Hesssischen Rundfunk. Darf ich Sie etwas fragen?
* Ja.
\+ Ja, sicher.
○ Unser Thema ist heute „Ärger mit Nachbarn". Haben Sie da Probleme?
\+ Wie bitte?
○ Haben Sie Ärger mit Nachbarn? Haben Sie da Probleme?
* Nein, unsere Nachbarn sind nett. Da haben wir gar keine Probleme.
\+ Nein, wirklich, Ärger mit Nachbarn, das gibt es nicht. Wir haben ein Reihenhaus, wissen Sie, wir wohnen da schon lange, schon 22 Jahre.
* Nein nein, nein nein, es sind 23 Jahre.
\+ Ja, stimmt, 23 Jahre. Und unsere Nachbarn rechts und links, die wohnen

da auch schon sehr lange. Sie sind alle sehr nett.
○ Vielen Dank.

Interview 4

○ Hallo …
* Ja, was ist denn?
○ Wir sind vom Hessischen Rundfunk und machen eine kleine Umfrage.
* Ja, dann fragen Sie mal.
○ Also, wo wohnen Sie?
* Ich wohne zur Zeit im Studentenheim, ich bin Student.
○ Und Ihre Zimmernachbarn, sind die nett, oder gibt es Ärger?
* Ja, natürlich gibt es auch Ärger. Aber dann diskutieren wir über das Problem; am Ende ist immer alles okay.
○ Prima, vielen Dank.

Lektion 6

→ TK 26

Seite 71, Übung 3. Hören Sie die Gespräche und kreuzen Sie an.

Gespräch 1

* Markmann & Co., guten Morgen!
# Guten Morgen. Hier ist Kaleschke.
* Ja, Herr Kaleschke, was gibt es denn?
# Ich kann heute leider nicht kommen. Ich habe Grippe.
* Na, dann bleiben Sie mal im Bett. Was soll ich dem Chef sagen: Wie lange bleiben Sie zu Hause?
# Ich weiß noch nicht, aber ich hoffe, ich kann morgen wieder arbeiten.
* Schön, also dann gute Besserung, Herr Kaleschke.
# Danke … Auf Wiederhören

Gespräch 2

* Tag, Peter.
# Tag, Nicole.
* Nanu, was hast du denn?
# Hörst du das nicht?
* Ja, natürlich. Und was machst du dagegen?
# Na ja, ich nehme Hustenbonbons.
* Das ist aber Unsinn. Trink lieber Hustentee.
# Meinst du?

Gespräch 3

* Walter, bist du fertig? In einer Stunde fängt das Konzert an.
# Du, ich komme nicht mit. Ich habe Kopfschmerzen.
* Na und? Dann nimm doch eine Tablette.
# Du weißt doch, ich mag keine Tabletten.
* Ach was, hier hast du ein Aspirin. Trink ein Glas Wasser, und in zehn Minuten hast du keine Kopfschmerzen mehr.

Gespräch 4

* Hatschi!
# Gesundheit!
* Danke!
# Mensch, Frau Herzog, Sie haben aber einen bösen Schnupfen!
* Ja, das kann man wohl sagen! Und heute abend ist unser Konzert; da muß ich Klavier spielen!
# Nehmen Sie doch Nasentropfen!
* Ich habe aber keine.
# Aber ich habe welche. Hier. Nehmen Sie!
* Oh, das ist aber nett. Vielen Dank!

→ TK 27

Seite 73, Übung 7. Beim Arzt.

* So, der nächste bitte. Ach, Herr Heidemann … gehen Sie schon mal rein …
# Danke … Guten Tag, Frau Doktor.
* Guten Tag, Herr Heidemann. Wo fehlt's denn?
# Ach, mir geht es gar nicht gut, Frau Doktor. Ich habe immer solche Magenschmerzen.
* Hm, essen Sie denn zu viel? Oder zu fett?
# Ich esse nur ganz wenig. Das ist es ja: Ich kann gar nicht viel essen. Ich habe immer gleich solche Schmerzen.
* Am besten, Sie ziehen sich mal aus und legen sich da hin. – So, tut das weh?
# Nein …
* Und das?
# Auuuuuu!
* Aha … Herr Heidemann, arbeiten Sie viel?
# Oh ja, das kann man wohl sagen. Ich bin oft bis acht oder neun im Büro.
* Und dann trinken Sie ja auch gern ein Glas Bier oder Wein?
# Na ja, sicher, manchmal …
* Und Kaffee?
# Ja, natürlich, ich trinke viel Kaffee.
* Rauchen Sie?
# Na ja, wissen Sie, der Streß im Büro ist halt groß, und da raucht man schon sehr viel.
* Nehmen Sie auch Tabletten?
# Ja, sicher. Ich habe oft Kopfschmerzen, dann nehme ich auch mal 'ne Tablette …
* Nun, Herr Heidemann, dann wollen wir mal eine Röntgenaufnahme machen. Kommen Sie bitte mit, Monika zeigt Ihnen …
* Tja, ich habe jetzt die Ergebnisse. Die Sache ist klar, Sie haben ein Magengeschwür!
# Ein Magengeschwür? Oh …
* Ja, leider. Und das ist gefährlich. Also, Sie brauchen jetzt unbedingt Ruhe. Bleiben Sie eine Woche im Bett. Und dann schreibe ich hier ein Medikament auf, das nehmen Sie morgens, mittags und abends. Und dann dürfen Sie auch erstmal keinen Kaffee trinken, kein …

→ TK 28

Seite 75, Übung 11: Hören Sie erst das Gespräch. Rekonstruieren Sie dann den Dialog.

* Hallo, Jochen! Na, wie geht's?
# Tag, Rolf. Mir geht's nicht gut, du …
* Hör mal, wir haben am Samstag unser Spiel!
# Ja, ich weiß. Aber du siehst doch: Ich kann nicht mitspielen.
* Jochen! Der Trainer sagt, du *mußt* am Samstag *unbedingt* mitspielen.
# Ich möchte ja gern, aber ich kann wirklich nicht. Ich habe Fieber.
* Ach, das bißchen Fieber, das ist doch wohl nicht so schlimm! 90 Minuten kannst du doch bestimmt spielen.
# Das sagst du! Aber mein Arzt sagt, ich soll im Bett bleiben.
* Ach, dein Arzt! Komm, spiel doch mit.
# Nein, tut mir leid, ich will lieber im Bett bleiben.
* Sag mal, willst du nicht oder kannst du nicht?
# Mensch, du, ich habe 39 Grad Fieber!
* Na okay, dann nicht. Also, gute Besserung!
# Danke. Tschüß Rolf, und grüß die Jungs!

→ TK 29

Seite 76, Übung 14. Hören Sie die drei Geschichten auf der Kassette.

(1)
Ich habe die Küche aufgeräumt. Dann habe ich die Bierflaschen nach unten gebracht. Plötzlich bin ich gefallen. Mein Arm hat sehr weh getan, und ich bin zum Arzt gegangen.

(2)
Ich habe wie immer an der Maschine gearbeitet. Plötzlich ist meine Hand in die Maschine gekommen. Meine Kollegin ist gekommen und hat geholfen. Mensch, da habe ich laut geschrien.

(3)
Ich habe Fußball gespielt. Dann bin ich hingefallen. Ich bin wieder aufgestanden. Aber das Bein hat zu sehr weh getan. Meine Freundin hat den Arzt geholt. Er hat gesagt: „Das Bein ist gebrochen."

→ TK 30

Seite 78, Übung 18. Am Bahnhof.

~ Kein Mensch da!
+ Ich hab's ja gleich gesagt. Wir sind viel zu früh. Der Zug fährt erst zwei nach sieben.
* Sagt mal, habt ihr auch alles?
+ Ja natürlich, wir sind doch keine kleinen Kinder mehr!
* Wirklich? Habt ihr auch eure Skihosen?
+ Ja, die haben wir.
* Und eure Pullover?
+ Unsere Pullover? Ja, die haben wir eingepackt.
* Ihr habt doch hoffentlich eure Schals mitgenommen?
~ Keine Sorge. Wir haben unsere Schals, unsere Pullover, unsere Skihosen, unsere Skibrillen, unsere Handschuhe …
* Und deine Medikamente, Marc, hast du die mitgenommen?
+ Nein, die brauchen wir doch nicht!
# Na, wer weiß. Aber es gibt da ja bestimmt auch eine Apotheke.
* Aber eure Krankenscheine habt ihr doch dabei?
+ Wieso Krankenscheine?
* Es kann doch etwas passieren. Dann braucht der Arzt den Krankenschein.
~ Hmm, also, ich habe meinen Krankenschein nicht …
+ Ich habe meinen auch vergessen.
* Dann schicken wir sie. Man kann ja nie wissen …
  Aber das Verbandszeug, habt ihr das?
~ Na klar, das haben wir doch immer dabei.
+ Ach, übrigens, Briefpapier haben wir auch nicht mitgenommen.
# Na, dann ruft mal an – oder schickt ein Telegramm, wenn ihr da seid.
~ O.k., machen wir …

Lektion 7

→ TK 31

Seite 82, Übung 2. Montagmorgen im Büro.

+ Guten Morgen, Frau Bärlein.
* Guten Morgen, Herr Kretschmar.
+ Mensch, Frau Bärlein, sind Sie auf Ibiza gewesen?
* Wie? Was? – Ach so! Sie meinen, weil … Nein, nein, ich bin im Sonnenstudio gewesen.
+ Sie sind ja wirklich phantastisch braun.
* Ja, wissen Sie, ich habe am Wochenende Besuch gehabt … ein alter Freund aus Ingolstadt, da möchte man schon gut aussehen.
+ Soso … aus Ingolstadt …
* Ja, den habe ich schon lange nicht mehr gesehen. Am Samstag abend sind wir tanzen gegangen. Das war schön. Und gestern haben wir einen Ausflug zum Chiemsee gemacht. – Und Sie? Haben Sie ein schönes Wochenende gehabt?
+ Na ja, es geht … wie immer halt. Samstag sind wir einkaufen gegangen, meine Frau und ich. Wir kaufen immer für die ganze Woche ein, wissen Sie. Na, und dann habe ich im Garten gearbeitet und das Auto gewaschen. Das muß ja auch mal sein. Und gestern hatte meine Frau Geburtstag. Da haben wir natürlich gefeiert.
* Dann haben Sie sicher viel Besuch gehabt?
+ Na klar, die ganze Familie ist gekommen. Wie immer!
# Morgen …
+ Morgen …
* Guten Morgen, Tina. Na, was ist denn los?
# Ach, mein Bein tut weh.
+ Habt ihr wieder ein Fußballspiel gehabt?
# Ja, sicher, am Samstag.
* Und deshalb tut dein Bein jetzt weh?!
# Ja, logo …
+ Und? Habt ihr gewonnen?
# Klar: 3 zu 1!
* Na, da habt ihr wohl ordentlich gefeiert?!
# Nee, ich muß doch für meine Englisch-Prüfung lernen; das ganze Wochenende habe ich gelernt. Nur gestern abend, da bin ich im Theater gewesen; ich habe doch dieses Jugendabonnement.
+ Und was hast du gesehen?
# Ach, so'n modernes Zeug. War total langweilig.
* Psst! Ich glaube, der Weiher kommt. Der hat doch wieder eine neue Freundin …
~ Guten Morgen zusammen! Was ist? Was gibt es denn? Stimmt etwas nicht?
* Nein, nein … Wir haben nur gerade über das Wochenende gesprochen. Was haben *Sie* denn so gemacht, Herr Weiher?
~ Ich? Och, nichts Besonderes. Ich habe eine neue Küche gekauft.
+ Was?
* Eine Küche?
~ Ja, meine Küche ist nicht mehr schön. Der Elektroherd ist sowieso kaputt …
* Brauchen Sie denn überhaupt eine Küche?
~ Ja, wieso …, … was …?
* Ach, nichts. Und sonst haben Sie nichts gemacht?
~ Nein. Gestern bin ich zu Hause geblieben und habe ferngesehen, da war doch das Tennisspiel. Haben Sie das nicht gesehen?
+ Nö. Fünf Stunden Tennis – das ist mir zuviel.
# Tennis finde ich blöd.

Alle: Guten Morgen (Herr Wolters)!

= Morgen. Schön, daß Sie soviel Zeit haben. Also, ich habe am Wochenende gearbeitet. Ich hoffe, Sie tun das jetzt auch. Frau Bärlein, haben Sie den Brief schon geschrieben?

→ TK 32

Seite 83, Übung 4. Hören Sie zu.

* Mensch, Peter, du hier? Wir haben uns ja lange nicht gesehen!
# Hallo Manfred, das ist ja eine Überraschung! Wie lange ist das her? Ein Jahr?
* Ja, kann schon sein.
# Was hast du denn die ganze Zeit gemacht?
* Ja, weißt du, im Mai habe ich meine Prüfung gemacht …
# Glückwunsch!
* Danke. Ja, und dann war ich drei Monate in Italien.
# In Italien? Was hast du da gemacht?
* Ich hatte ein Stipendium; ich habe Italienisch gelernt.
# Das ist ja toll. Sowas möchte ich auch mal …
* Ja, es war wirklich toll. Du, ich habe da ein Mädchen kennengelernt …
# Aha …
* Elena heißt sie. Weißt du was? Wir wollen heiraten!
# Mensch, Manfred, das gibt's doch nicht! Du und heiraten?!
* Na ja, warum nicht? Einmal passiert es eben. Und du? Was hast du inzwischen gemacht?
# Ach, ich hatte letztes Jahr viel Pech. Im Januar bin ich krank geworden, und im März hatte ich einen Unfall.
* Autounfall?
# Ja, sicher.
* War es schlimm?
# Also, das Auto war total kaputt. Und ich habe zwei Wochen im Krankenhaus gelegen: ein Arm und ein Bein gebrochen. Aber jetzt ist alles wieder in Ordnung.
* Und deine Frau?
# Eva? Die war zum Glück nicht mit im Auto. – Ach, du weißt ja noch nicht: Ich bin Vater geworden!
* Nein!! Wann denn?
# Im Oktober. Wir haben ein Mädchen, Christine heißt sie.
* Mensch, herzlichen Glückwunsch!
# Danke! Du mußt uns unbedingt mal besuchen. Ach ja: Wir sind umgezogen; wir wohnen jetzt nicht mehr in der Schillerstraße.

* Dann sag mal deine neue Adresse, ich schreibe sie gleich auf.
# Also, das ist jetzt Berliner Straße 17, ...

➔ TK 33

Seite 87, Übung 10.
Frau Winter muß ins Krankenhaus.

Komm, laß das jetzt. Ich komme schon klar mit den Kindern. Zieh du jetzt deinen Mantel an, und dann bringe ich dich ins Krankenhaus.
\+ Ja, gut. Aber denk daran, daß du die Kinder morgen um 7 Uhr weckst.
# Ja, natürlich. Den Jens auch?
\+ Ja, ihn auch. Du mußt ihn doch schon um zwanzig vor acht in den Kindergarten bringen.
# Und Anna? Muß ich sie gleich mitnehmen?
\+ Nein, bring sie nachher in die Schule, um zehn vor acht. Und hol sie um 20 nach 12 wieder ab!
# Gut, um 20 nach 12. Also zuerst Jens und dann ...
\+ Nein, zuerst Anna. Jens ist erst um fünf nach halb fertig, da kannst du ihn dann abholen.
# Gut, kein Problem.
\+ Na, ich weiß nicht ... Und laß die beiden abends nicht zu lange aufbleiben.
# Natürlich nicht, ist doch klar. Wann muß Anna ins Bett? Um acht oder so?
\+ Bring sie spätestens zehn vor acht in ihr Zimmer.
# Ah ja, o.k. Und was ist mit Jens?
\+ Jens muß natürlich früher schlafen. Bring ihn um halb acht ins Bett. Spätestens, hörst du?
# Ja, klar.
\+ Und hilf den beiden beim Aufstehen. Du weißt ja, Jens mußt du anziehen. Anna kann es selbst – oder nein, zieh sie lieber auch an, allein braucht sie ja eine halbe Stunde ...
# Ja ich weiß, mach ich. Kein Problem.
\+ Ich weiß nicht ... Weißt du was, ich schreibe doch lieber schnell einen Zettel, sonst vergißt du bestimmt alles ...
# Ach was, das ist doch überhaupt nicht nötig.

➔ TK 34

Seite 88, Übung 11 b)
Hören Sie den Bericht von Dirk.

Dirk, du hast deine Geschichte sicher schon sehr oft erzählt. Erzählst du trotzdem noch einmal, was am dritten Februar passiert ist?
\+ Ja, ja. Das war so: Wir – also mein Vater, meine Mutter, meine Schwester und ich – sind nachts um 12 Uhr losgefahren. Meine Schwester und ich, wir haben im Auto beide geschlafen. Hinten – auf dem Rücksitz. Ich schlafe gern im Auto. – Also , ich habe geschlafen, und dann bin ich auf einmal aufgewacht. Das Auto war geparkt, aber meine Eltern waren nicht da.
# Da hattest du sicher Angst?
\+ Nein, da hatte ich noch keine Angst. Ich habe gedacht, meine Eltern kommen sicher gleich wieder.
# War deine Schwester auch wach?
\+ Nein, meine Schwester hat fest geschlafen. Na ja, und dann habe ich auf dem Parkplatz eine Toilette gesehen. Da bin ich ausgestiegen und zur Toilette gegangen. Ich war nicht lange weg, vielleicht fünf Minuten. Dann bin ich zurückgekommen, und das Auto war weg. Das Auto war weg und meine Eltern waren weg. Ich war ganz allein auf dem Parkplatz. Es war schrecklich ...

➔ TK 35

Seite 89, Übung 12.
Hören Sie den Bericht von Herrn Weber.

Wir waren etwa 2 Stunden gefahren, da haben wir auf einem Parkplatz angehalten. Das war ziemlich genau um zwei Uhr, das weiß ich noch ganz genau. Meine Frau hatte Kopfschmerzen – deshalb sind wir ein bißchen spazierengegangen. Wir sind gar nicht weit gegangen. Also vielleicht zehn Minuten sind wir gelaufen. Dann sind wir weitergefahren. Meine Frau hat dann geschlafen. Um fünf Uhr habe ich dann das Radio angemacht und Nachrichten gehört. Da kam die Suchmeldung im Radio. Dirk war nicht im Auto – da haben wir es erst gemerkt. Das war ein Schreck. Ich habe dann sofort mit der Polizei telefoniert. Dirk war nichts passiert. Wir sind natürlich sofort zurückgefahren und haben Dirk abgeholt.

➔ TK 36

Seite 89, Übung 13.
Hören Sie noch einmal Dirk.

Jetzt erzähl du nochmal, Dirk. Du bist aus der Toilette gekommen und deine Eltern waren weg. Was war dann?
\+ Es war kalt. Ich hatte keine Jacke, die Jacke war im Auto. Und ich hatte Angst. Es war kein Mensch da. Der Parkplatz war leer. Da habe ich laut gerufen: Hilfe! Hallo! Hilfe! – immer wieder. Aber es war ja niemand da. Dann habe ich eine Bank gesehen, und dort habe ich gewartet.
# War denn kein Telefon auf dem Parkplatz?
\+ Doch, doch. Da war eine Telefonkabine. Aber ich hatte kein Geld.
# Ach so. Ja klar.
\+ Ja, und dann ist ein bißchen später ein Auto gekommen. Da ist ein Mann ausgestiegen. Er hat mich gesehen. Er hat gleich gefragt: „Was machst du denn hier allein in der Nacht? Wo sind denn deine Eltern?“ Und ich habe gesagt: „Meine Eltern sind weg!“, und dann habe ich die Geschichte erzählt. Der Mann ist dann gleich zum Telefon gegangen und hat die Polizei angerufen. Und dann ist die Polizei gekommen.
# Und dann hast du die Geschichte noch einmal erzählt.
\+ Ja, ja. Die Polizisten haben mich gefragt. Und dann haben sie mich mitgenommen auf die Polizeistation. Dort war es warm. Ich war ja immer noch ganz kalt. Die Polizisten waren nett. Sie haben mir Tee und Kuchen gegeben. Und eine Decke. Ein Polizist hat dann gesagt: „Jetzt kommt gleich deine Suchmeldung im Radio. Keine Angst, Dirk, deine Eltern rufen bestimmt gleich an.“ Und so war es dann auch.

➔ TK 37

Seite 91, Übung 15. Was ist passiert?

Guten Tag, Herr Driesen. Ich habe Ihren Zettel gefunden. Was ist denn bloß passiert?
\+ Guten Tag, Frau Köchling. Kommen Sie nur erst herein, dann erzähle ich ... Nehmen Sie Platz!
# Danke. Nun, was ist denn passiert? Ein Einbrecher? Oder hat Stefan Ball gespielt?
\+ Nein, nein. Kein Einbrecher ... und Stefan war's auch nicht. Also: Sie sind ja am Mittwoch weggefahren. Dann, am Donnerstag morgen, bin ich in meinen Keller gegangen. Plötzlich höre ich ein Geräusch. Ich suche ... und schließlich habe ich auch den Grund gefunden. Das Geräusch war in Ihrem Keller.
# Und was war das?
\+ Ich habe dann dort nachgesehen. Unten auf dem Boden war schon ziemlich viel Wasser. Und es hat weiter von oben auf den Boden getropft. Das Wasser ist von oben aus Ihrer Wohnung gekommen.
# Das kann doch nicht sein!
\+ Doch! Ich habe die Polizei gerufen. Die ist dann auch bald gekommen. Wir haben Ihr Wohnzimmerfenster eingeschlagen und sind in das Zimmer gestiegen und haben in der Küche den Was-

serhahn von der Waschmaschine abgestellt. Der Wasserschlauch war nämlich nicht richtig angeschlossen.
\# Nein, so was!
\+ Ja, und dann haben wir noch das Wasser aufgewischt. Und dann sind wir wieder gegangen.
\# Mein Gott! Das ist ja eine Geschichte! So ein Pech! Aber zum Glück haben Sie es wenigstens bemerkt ...

Lektion 8

→ TK 38

Seite 94, Übung 1.
Wo sind die Leute gerade? Hören Sie.

Situation a

\# ... und dann möchte ich noch vier Koteletts ...
\+ ... vier Koteletts ... ja ... noch etwas?
\# Ja, Wurst brauche ich noch. Geben Sie mir bitte 200 Gramm Salami und ...

Situation b

\# Ja, bitte schön?
\+ Ich ... Ich brauche ein Mittel gegen Husten.
\# Möchten Sie einen Hustensaft oder lieber Tropfen?
\+ Lieber Hustensaft.
\# Gut, da haben wir ...

Situation c

\# Oh je, ist das schrecklich!
\+ Ja, furchtbar!
\# Wollen wir gehen?
\+ Nein, nein. Wir bleiben.

Situation d

\# Guten Morgen!
\+ Guten Morgen! ...
\# Ich möchte zehn Brötchen bitte.
\+ Zehn ... Tut mir leid, ich habe nur noch sechs.
\# Na gut. Und ein Weißbrot bitte.

Situation e

\# Guten Tag!
\+ Guten Tag!
\# Mein Mann und ich möchten eine Schiffsreise machen. Vier Wochen ... im Mittelmeer.
\+ Da finden wir bestimmt etwas. Nehmen Sie Platz. Wann möchten Sie denn reisen?

Situation f

\# Ich brauche Briefmarken. Bitte zehn Marken zu 60 Pfennig und zwanzig zu eine Mark.
\+ Zehn zu 60, zwanzig zu eine Mark ... .
Das macht 26 Mark.
\# Danke schön.

Situation g

\# Komm, wir tanzen.
\+ Oh ja, komm!

Situation h

\# Ja, bitte.
\+ Ich möchte 300 Francs in DM wechseln.
\# Hier bitte. Dort ist die Kasse. Da bekommen Sie das Geld.
\+ Vielen Dank.

Situation i

\# Achtung, eine Durchsage. Der Intercity nach Hamburg hat voraussichtlich 20 Minuten Verspätung. Achtung Reisende nach Hamburg, der Intercity nach Hamburg hat voraussichtlich 20 Minuten Verspätung.
\+ So ein Mist! Immer haben die Züge Verspätung!
* Komm, dann können wir noch schnell einen Kaffee trinken.

→ TK 39

Seite 95, Übung 3.
Wohin gehen die Leute? Hören Sie.

Situation a

\# Tschüß, Mama!
\+ Wohin gehst du?
\# Ich gehe schwimmen, mit Carola. Um sechs bin ich wieder zu Hause.
\+ Viel Spaß!

Situation b

\# Hast du eingekauft?
\+ Nein. Tut mir leid, das habe ich vergessen.
\# Hör mal! Wir haben keinen Kaffee mehr, keine Butter, kein Brot.
\+ Komm schnell! Es ist schon fast sechs Uhr. Der Supermarkt macht gleich zu.

Situation c

\# Verzeihung. Wo kann man hier Briefmarken kaufen?
\+ Auf der Post. Die Post ist gleich dort ... sehen Sie?
\# O ja, danke!

Situation d

\# Wohin gehst du?
\+ Ich will ein Buch kaufen ... für Hannelore. Sie hat bald Geburtstag.
\# Die Buchhandlung an der Kirche hat schöne Kinderbücher. Da kaufe ich immer.
\+ Kommst du mit?
\# Ja, das kann ich machen.

Situation e

\# Was machen wir heute?
\+ Das Wetter ist nicht schlecht. Wollen wir spazierengehen?
\# Aber nicht in der Stadt!
\+ Nein, im Park.
\# Ja gut, einverstanden. Komm, dann gehen wir gleich.

Situation f

\# Kannst du nicht schlafen?
\+ Nein, ich habe schreckliche Kopfschmerzen ... und wir haben kein Aspirin mehr.
\# Ist es sehr schlimm?
\+ Ja, ganz schlimm!
\# Also, dann hole ich dir eine Packung Aspirin. Die Sonnenapotheke hat heute Nachtdienst.

Situation g

\# Evelin ... Hallo! Evelin!
\+ Petra, das ist aber nett! Wir haben uns so lange nicht gesehen.
\# Hast du Zeit? Ja? Dann laß uns zusammen einen Kaffee trinken.
\+ Gute Idee.

Situation h

\# Wann geht dein Zug?
\+ Um 17 Uhr 43.
\# Hast du schon eine Fahrkarte?
\+ Nein, die muß ich noch kaufen.
\# Dann hast du nicht mehr viel Zeit. Ich rufe gleich ein Taxi.
\+ Ja, das ist nett.

Situation i

\+ Taxi!
\# Wohin möchten Sie?
\+ Gibt es hier ein gutes Hotel ... und nicht zu teuer?
\# Ja, ja. Das Hotel zum Löwen ist ganz modern. Ein Zimmer kostet so etwa 80 DM.
\+ Gut. Können Sie mir mit den Koffern helfen?

→ TK 40

Seite 96, Übung 6.
Herr Kern kommt nach Hause.

\# Jochen?
\+ Ja. Tut mir leid, aber ...
\# Es ist schon neun Uhr. Wo warst du denn?
\+ Ich habe Bernd in der Stadt getroffen. Wir waren in seiner Wohnung und haben ein Bier getrunken.
\# Ach so. Hast du sonst alles erledigt?
\+ Nein, nicht alles. Ich war in der Bäckerei und in der Metzgerei. Hier, nimm mal die Brötchen und das Fleisch.

\# Ja, danke. Warst du auf der Post?
\+ Ja ja, das Paket an Monika habe ich abgeschickt.
\# Und die Fahrkarten?
\+ Auf dem Bahnhof war ich auch. Wo hab ich denn die Karten? Moment ... Ach, hier! Willst du sie nehmen?
\# Nein, nein. Warst du auch in der Apotheke?
\+ O je, das Aspirin! Nein, das habe ich vergessen.
\# Ist nicht schlimm, ich hole morgen welches.
\+ Die Paßbilder konnte ich auch nicht machen lassen. Das Fotostudio war heute nachmittag geschlossen. Ach ja, und die Reinigung war auch zu. Der Mantel ist noch im Auto.
\# Ach ja, Auto! Hast du das Auto waschen lassen?
\+ Ja ja, und auf der Bank war ich auch. Und in der Stadtbibliothek.
\# Hast du auch die Blumen für die Oma?
\+ Die Blumen für Oma? Ach nein! Da habe ich gerade Bernd getroffen!

→ TK 41

Seite 96, Übung 7. Dialogübung.

\+ Was muß ich noch erledigen?
\# Du mußt heute noch das Buch für Dieter aus der Stadtbibliothek holen. Er braucht es morgen in der Schule.
\+ Ja, stimmt, das muß ich noch machen. Sag mal, wo ist eigentlich die Stadtbibliothek?
\# Die ist im Kirchweg.
\+ Im Kirchweg?
\# Ja. Fahr einfach zum City-Parkplatz in der Parkstraße. Dann bist du gleich da.
\+ Also, ich fahre zum City-Parkplatz und gehe dann in den Kirchweg. Und dort ist die Stadtbibliothek.
\# Ja.

→ TK 42

Seite 97, Übung 9 b)
Hören Sie die Dialoge auf der Kassette.

Erster Dialog

\# Entschuldigen Sie bitte! Wie komme ich zum Rathaus?
\+ Gehen Sie hier die Hauptstraße geradeaus bis zur Kirche. An der Kirche dann rechts in die Kölner Straße. Dann weiter geradeaus bis zur Hertzstraße. An der Ecke ist das Stadtcafé. Dort links und weiter bis zum Marktplatz. Und dort ist dann rechts das Rathaus.
\# Also, ich gehe hier die Hauptstraße geradeaus bis zur ...

Zweiter Dialog

\# Entschuldigen Sie bitte! Wie komme ich zur Volksbank?
\+ Die Volksbank, warten Sie mal ... Ja. Da gehen Sie hier geradeaus bis zur Post, und da dann rechts in die Agnesstraße, bis zum Rathaus. Dort links, und dann geradeaus bis zur Kirche. Dort gehen Sie rechts in die Kölner Straße. In der Kölner Straße gehen Sie weiter bis zum Hotel Löwen. Und dort sehen Sie dann auch die Volksbank. Neben dem Restaurant „Neuwirt".
\# Also, ich gehe hier bis zur Post.Und dort rechts in die Agnesstraße ...

→ TK 43

Seite 99, Übung 10.
Stadtrundfahrt in Berlin.

\# Guten Tag, meine Damen und Herren. Mein Name ist Helga Leutze, und ich möchte Ihnen heute unser schönes Berlin zeigen. Wir fahren zuerst durch das Stadtzentrum. Dann zeigen wir Ihnen das alte und das moderne Berlin. Wenn Sie etwas nicht verstehen, dann fragen Sie bitte.

Wir sind jetzt auf dem Kurfürstendamm, wir Berliner sagen auch einfach „Ku'damm". Das ist die bekannteste Einkaufsstraße Berlins mit vielen großen und bekannten Cafés. Hier am Ku'damm sehen Sie gleich die Gedächtniskirche. Sie wurde im Krieg zerstört und ist nur noch eine Ruine. Neben der Ruine steht der neue Turm. Beides zusammen ist ein Mahnmal gegen den Krieg.

So, und jetzt sehen Sie rechts das I.C.C., das Internationale Congress-Centrum. Hinter dem Centrum sieht man den Funkturm. Das I.C.C. liegt direkt neben dem Messegelände am Funkturm. Es hat 80 Konferenz- und Arbeitsräume, einen großen Kongreßsaal mit 5000 Plätzen, Kinos, eine Post, Banken. Es ist fast eine kleine Stadt. Das Ganze hat über eine Milliarde Mark gekostet.

So, meine Damen und Herren, hier sehen Sie jetzt die Reste der Berliner Mauer, ein trauriges Symbol deutscher Politik. Bis 1989, fast 30 Jahre war diese Mauer die Grenze zwischen Ost- und West-Berlin. Sie war 46 km lang und hat Berlin in zwei Teile geschnitten. Es gibt heute nur noch einige Reste. Sie sollen an die Teilung Deutschlands erinnern. Wir machen jetzt hier eine kleine Pause. Sie können aussteigen und in Ruhe fotografieren.

Schauen Sie bitte nach rechts. Dort sehen Sie jetzt den Fernsehturm am Alexanderplatz. Der Turm ist 365 Meter hoch. Oben in der Kugel ist ein Restaurant. Dort können Sie hoch über der Stadt gemütlich essen.

Wir sind jetzt auf der Straße „Unter den Linden". Hier finden Sie die berühmten Gebäude des alten Berlin. Viele waren nach dem Krieg zerstört. Einige hat man restauriert, z. B. die Deutsche Staatsbibliothek, die Deutsche Staatsoper, die Neue Wache und die Humboldt-Universität. Hier an der Universität steigen wir aus. In einer Stunde fahren wir dann weiter. Wir treffen uns hier am Humboldt-Denkmal vor der Universität.

Zum Schluß unserer Stadtrundfahrt halten wir am Alexanderplatz. Er war das Zentrum von Ost-Berlin. Wir machen hier wieder eine Pause. Auf dem Alexanderplatz steht die große Weltzeituhr. Dort treffen wir uns um 17 Uhr und fahren dann zurück in die Hotels.

Lektion 9

→ TK 44

Seite 108, Übung 4.

Dialog A

\# Schau mal, morgen ist die Party bei Hilde und Georg. Sie haben uns eingeladen.
\+ Ach ja, stimmt.
\# Was bringen wir ihnen denn mit? Weißt du nicht etwas?
\+ Hm. Wir können ihnen ja ein Wörterbuch schenken. Sie lernen beide Französisch.
\# Meinst du wirklich? Sie haben bestimmt schon eins.
\+ Das kann sein. Dann bringen wir ihnen eine Flasche Wein mit.
\# Das geht nicht, sie trinken keinen Wein.
\+ Ach ja, stimmt. – Dann schenken wir ihnen eine Musikkassette. Sie hören gerne Jazz.
\# Ja, die Idee ist gut. Das machen wir.

Dialog B

\# Mensch, schau mal, morgen hat Doris ihre Geburtstagsparty, und wir haben noch kein Geschenk.
\+ Hast du noch keins gekauft?
\# Nein. Das habe ich vergessen. Weißt du nicht etwas?
\+ Sie fährt gern Ski. Wir können ihr doch eine Skibrille kaufen.
\# Sie hat schon eine.
\+ Oder eine Halskette. Sie mag doch gern Schmuck.
\# Ja, aber das ist mir zu teuer. Weißt du was? Wir schenken ihr Filme. Sie fotografiert viel.

\+ Das finde ich zu unpersönlich. Wir können ihr ein Buch schenken.
\# Das ist nicht sehr originell.
\+ Hast du eine andere Idee?
\# Nein.
\+ Also gut, dann kaufe ich ihr ein Buch. Okay?
\# Ja.

Dialog C

\# Weißt du, was morgen ist?
\+ Nein.
\# Hier, sieh mal! Morgen feiert Ewald sein Dienstjubiläum. Er hat uns eingeladen.
\+ Morgen schon? Und was schenken wir ihm? Hast du eine Idee?
\# Zigaretten. Wir bringen ihm Zigaretten mit. Er raucht doch.
\+ Zigaretten? ... Nein, das ist zu unpersönlich.
\# Wir können ihm auch ein Kochbuch schenken.
\+ Ja, ich weiß, er kocht gern. Aber er hat doch schon so viele.
\# Da hast du recht. Ich weiß! Seine Kaffeemaschine ist kaputt. Wir schenken ihm eine Kaffeemaschine. Ja, seine alte ist kaputt.
\+ Na ja. Ist das nicht zu teuer?
\# Nein, nein. Die Idee ist gut. Das machen wir.
\+ Also gut.

Dialog D

\# Morgen ist die Silvesterparty bei Daniela und Uwe.
\+ Ja, ich weiß. Und?
\# Wir haben noch kein Geschenk.
\+ Müssen wir ihnen etwas mitbringen?
\# Natürlich! Hast du eine Idee?
\+ Blumen. Das paßt immer.
\# Aber das ist doch langweilig und unpersönlich.
\+ Oder Wein. Sie trinken doch gern Rotwein.
\# Wein! ... Das schenkt doch jeder! Wir schenken ihnen einen Wecker.
\+ Einen Wecker?
\# Ja, einen Wecker. Das ist lustig. Sie stehen doch immer zu spät auf.
\+ Das ist originell, aber sie haben schon einen. Das weiß ich.
\# Gut, dann kaufen wir ihnen einen USA-Reiseführer. Sie wollen im Sommer in die USA fahren.
\+ Die Idee ist nicht schlecht. Das können wir machen.

→ TK 45

Seite 113, Übung 12

\+ Guten Tag! Kann ich Ihnen helfen?
\# Ja, mich interessiert Ihr neuer Video Walkman. Können Sie mir den zeigen?
\+ Aber natürlich. Hier ist das Gerät.
\# Der ist wirklich sehr leicht.
\+ Ja, nur elfhundert Gramm. Aber High Tech, durch und durch. Paßt in jede Handtasche. Und die Videokassetten sind so klein wie Musikkassetten.
\# Interessant.
\+ Er ist Fernseher und Videorekorder in einem. Besonders interessant ist er für Geschäftsleute. Sie können ihren Kunden ihre Produkte zeigen – in Bild und Ton. Und auch auf einer Geschäftsreise kann man jetzt fernsehen. Man ist immer informiert.
\# Nicht schlecht. Aber der Bildschirm ist doch ziemlich klein.
\+ Nun ja, es ist eben ein Minifernseher. Aber Sie können den Video Walkman auch an einen normalen Fernseher anschließen. Kein Problem.
\# Funktioniert er mit Batterien?
\+ Nein, mit Strom aus der Steckdose oder mit einem Akku.
\# Das ist praktisch. Gibt es auch eine Kamera?
\+ Ja. Für den Walkman empfehlen wir die Minikamera CCD-G 100. Hier, das ist sie.
\# Ah ja. Und was kosten der Walkman und die Kamera?
\+ Der Walkman mit Akku kostet ...

→ TK 46

Seite 115, Übung 14. Was sagen die Leute?

\# Tja, liebe Hörerinnen und Hörer, 15 Uhr 30. Es ist wieder soweit: Zeit für unser Interview am Montag. Heute steht mein Kollege Hermann Kahl in Bremen auf dem Marktplatz und macht für Sie wieder Interviews live. Und das wollen wir wissen: Welcher Gegenstand aus dem täglichen Leben ist für die Leute am wichtigsten? Also für mich ist ja das Radio am wichtigsten. Also dann bis gleich.
\+ Hallo, entschuldigen Sie bitte, ich bin von Radio Bremen; darf ich Sie mal was fragen? Wir machen hier eine kleine Umfrage ...
(1) Ja, bitte ...
\+ Können Sie mal ganz spontan sagen: Welcher Gegenstand ist für Sie in Ihrem Leben am wichtigsten?
(1) Wie meinen Sie das?
\+ Also: Was brauchen Sie unbedingt?
(1) Hmm, tja, also ... – meinen Fernseher. Der ist für mich sehr wichtig. Ich bin am liebsten zu Hause vor meinem Fernseher.
\+ Danke schön. Und du, mein Junge – was ist dir denn am wichtigsten? Dein Fahrrad vielleicht?
(2) Nee.
\+ Womit spielst du denn am liebsten?
(2) Na ja, mit meinem Computer kann ich am besten spielen.
\+ Mit deinem Computer, das ist ja interessant. So, ich will mal weiter fragen. Wie ist das denn mit Ihnen?
(3) Ja?
\+ Was ist Ihnen am wichtigsten?
(3) Was mir am wichtigsten ist? Ja, also, mein Waldi, hier, mein Hund, nicht? Wissen Sie, mein Mann, der ist jetzt vor drei Jahren gestorben, und jetzt habe ich nur noch den Hund. Hier, sehen Sie mal, komm, Waldi, mach mal schön ...
\+ Ja, der ist wirklich lieb, aber das meine ich nicht. Ich meine, gibt es einen wichtigen Gegenstand für Sie?
(3) Ac,h so, ja, das habe ich dann wohl falsch verstanden. Also einen Gegenstand. Hmm ... Ja, natürlich. Das Telefon ist für mich am wichtigsten. Meine Tochter, die wohnt nämlich in Stuttgart, wissen Sie, und die kann nicht oft kommen. Da müssen wir eben viel telefonieren. Ich bin ja auch ganz allein, nicht, und es kann ja auch mal was passieren, und da kann ich dann ...
\+ Ja, äh, ja, das ist natürlich sehr wichtig, das ist klar. Also vielen Dank. Da ist noch jemand. Darf ich ...
(4) Ja, bitte.
\+ Welcher Gegenstand ist ...
(4) Ja, ich habe schon verstanden. Meine Uhr. Ohne meine Uhr kann ich nicht leben. Entschuldigen Sie, ich habe nicht viel Zeit. Ich habe gleich noch einen Termin.
\+ So, da haben wir noch eine Dame. Sind das Ihre Kinder?
(5) Ja.
\+ Darf ich Sie auch fragen: Welcher Gegenstand ist für Sie am wichtigsten?
(5) Das fragen Sie eine Mutter von drei Kindern? Das ist doch klar: Am wichtigsten ist für mich die Waschmaschine!
\+ Ja, das glaube ich Ihnen. Und Sie, mein Herr, darf ich Sie auch fragen?
(6) Ja, sicher. Bei mir ist das auch ganz einfach. Mein Auto ist mir am wichtigsten. Ich bin oft auf Geschäftsreise, und ohne mein Auto kann ich meinen Beruf gar nicht ausüben.
\+ So, vielen Dank! Ich gebe zurück ins Studio.
\# Hallo, liebe Hörerinnen und Hörer, hier bin ich wieder. Jetzt machen wir erst mal weiter mit Musik.

Lektion 10

➔ TK 47

Seite 119, Übung 3.
Personen-Quiz: Große Namen

So, meine Damen und Herren, wir kommen jetzt zu unserem Personenquiz „Große Namen“. Heute geht es um zwei Personen; beide waren Männer, beide haben große Werke geschrieben. Wir geben Ihnen zunächst Informationen zu Person Nummer 1.

* Am 27. Januar 1756 ist er in Salzburg geboren. Sein Vater Leopold war ein berühmter Komponist und Violinist. Schon als Kind hat unser Mann Konzerte gegeben. Mit 13 Jahren ist er für zwei Jahre durch Italien gereist und hat für die Leute Klavier gespielt. Von 1771 bis 1779 hat er wieder in Salzburg gelebt, aber von Salzburg aus noch andere Reisen gemacht, zum Beispiel nach Paris und wieder nach Italien. Schließlich ist er 1781 endgültig nach Wien gegangen. Dort hat er 1782 Konstanze Weber, eine Cousine des Komponisten Carl Maria von Weber, geheiratet. Er hat unter anderem 49 Sinfonien und 22 Opern geschrieben; am bekanntesten sind wohl die „Zauberflöte“ und „Don Giovanni“. Er war berühmt, aber arm und oft krank. Mit 35 Jahren ist er am 5. Dezember 1791 in Wien gestorben.

Wie heißt unsere Person Nr. 1? Wissen Sie es schon? – Nun zu Person Nummer 2.

* Geboren ist er am 28. August 1749 in Frankfurt am Main. Sein Vater war ein hoher Beamter, und er selbst hat Jura studiert. 1768 hat er sein Studium in Leipzig begonnen, später hat er zwei Jahre in Straßburg studiert. 1776 ist er Beamter in Weimar geworden. Hier hat er bis zu seinem Tod gewohnt. Auch er hat viele Reisen gemacht, so zum Beispiel 1779 bis 1780 in die Schweiz und 1790 nach Italien. 1807 hat er geheiratet, und im Jahre 1815 ist er Minister am Hof von Weimar geworden. Im Alter von 82 Jahren ist er am 22. März 1832 in Weimar gestorben. Schon während seines Studiums hat er Gedichte, Theaterstücke und Romane geschrieben. Sein Roman „Die Leiden des jungen Werther“ war ein Bestseller in ganz Europa. Weitere bekannte Werke sind „Iphigenie auf Tauris“ und der „Faust“, aber er hat auch Bücher über Physik, Biologie und Medizin geschrieben.

Wer ist Person Nr. 2? Vielleicht wissen Sie es schon, aber wir geben Ihnen noch etwas Zeit zum Nachdenken und spielen ein bißchen Musik.

➔ TK 48

Seite 126, Übung 12. Urlaub am Bodensee.

* Guten Tag, Herr Grasser …
# Ach … Guten Tag, Herr …
* Darf ich mich ein bißchen zu Ihnen setzen?
# Ja, natürlich, nehmen Sie doch Platz. Wie geht's?
* Ach, Sie wissen ja, zuviel Arbeit – wie immer. Aber sonst geht's. Und Ihnen?
# Gut – noch drei Tage, und dann geht es in den Urlaub.
* So, wo fahren Sie denn hin?
# An den Bodensee.
* An den Bodensee?
# Ja, das ist jetzt schon das neunte Mal …
* Wie, seit neun Jahren fahren Sie an den Bodensee?
# Ja.
* Hm; wie kommt man denn als Luxemburger auf die Idee?
# Ach, das war eigentlich ein Zufall. Wissen Sie, ich bin früher immer an die Côte d'Azur gefahren. Und dann bin ich mal für ein Wochenende mit meiner Frau am Bodensee gewesen, das ist ja nicht so weit von Luxemburg, – und das hat uns so gut gefallen – jetzt fahren wir immer dahin. Der See ist so sauber, die herrlichen Berge, die Luft, naja und dann vor allem das gute Essen. In Baden-Württemberg ißt man schon sehr gut.
* So, was essen Sie denn da so?
# Am liebsten Fisch. Auf dem Bodensee gibt es ja noch Fischer, und im Restaurant bekommt man sehr guten Fisch aus dem See. Aber das ist natürlich nicht alles. Es gibt auch viel Wild: Hasen, Rehe, Wildschwein und so weiter. Und dazu gehört dann ein guter Tropfen Wein.
* Vom Bodensee?!
# Ja, sicher. Ich trinke gern einen Hagnauer Rotwein. Die Bodenseeweine sind sehr gut.
* Und was machen Sie sonst noch – außer Essen und Trinken?
# Also wo ich da wohne, da gibt es die schönsten Wanderwege, radfahren kann man da auch sehr gut, aber ich wandere gern. Bis Meersburg runter, da habe ich fünf Kilometer zu Fuß …
* Wo wohnen Sie denn?
# In Unteruhldingen, das ist gleich bei Meersburg.
* Hotel oder Pension?
# Nee, nee, in einer Wohnung, einem Appartement; das haben wir jetzt schon seit sechs Jahren, das gefällt uns am besten. Da hat man seine Ruhe. Also wie gesagt, bis Meersburg runter, das sind fünf Kilometer, und da ißt man dann etwas, ja, und dann nehme ich das Schiff und lasse mich nach Uhldingen zurückfahren. Oder ich nehme die andere Seite und gehe nach Überlingen runter, das sind zwölf Kilometer. Da gehen Sie drei Stunden immer am See entlang. Dann fahren wir auch schon mal mit dem Schiff nach Bregenz …
* Segeln Sie auch selbst?
# Oh nein, das ist nichts für mich … Aber der Bodensee ist ein Paradies für Segler und Surfer.
* Hmm, vielleicht ist das ja auch mal etwas für mich … Was muß man denn sonst noch unbedingt sehen?
# Da ist erst mal die Insel Mainau. Das Klima ist da sehr warm; auf der Insel Mainau wachsen Palmen und Bananen …
* Was! Das gibt es doch nicht!
# Doch, das ist eben das Klima. Ja, und was ich eben schon gesagt habe, da fahren Sie runter nach Meersburg; das alte Schloß, das müssen Sie gesehen haben. Oder die Klosterkirche Birnau, das ist nur drei Kilometer von mir entfernt. Da machen die Mönche noch selbst ihren eigenen Wein. Dann fahren Sie über Friedrichshafen nach Lindau. Lindau ist in zwei Teile geteilt: einmal die Insel, und dann die Stadt selbst … Und dann nach Bregenz runter, da müssen Sie sich die Seebühne ansehen. In Bregenz finden im Sommer die See-Festspiele statt. – Ja, und dann müssen Sie natürlich auf den Pfänder rauf, der ist über 1000 Meter hoch. Da haben Sie einen Blick – phantastisch sage ich Ihnen … Sie können auch von Friedrichshafen die Fähre nehmen nach Romanshorn …
* Das ist in der Schweiz, nicht?
# Ja, und da müssen Sie unbedingt mal ins Restaurant …

Lektion 1

→ Lg 1

Seite 11, Übung 8

a) Herr Dimitri Alatzas
Steinstraße 16
53175 Bonn

b) Frau Paula Miehl
Bauerstr. 56
89431 Bächingen

Frank Theissen
Eichenweg 24
32756 Detmold

→ Lg 2

Seite 16, Übung 16

1. Monika Sager; 2. Angelika Wiechert; 3. Klaus Henkel

→ Lg 3

Seite 18, Übung 21

A spielt Klavier; B studiert Medizin; C besucht seine Mutter

Lektion 2

→ Lg 4

Seite 22, Übung 1

der Elektroherd und der Topf; der Tisch und der Stuhl; das Foto und die Kamera; die Taschenlampe und die Batterien; der Kugelschreiber und die Mine; das Waschbecken und der Wasserhahn; der Taschenrechner und die Zahlen; die Lampe und die Glühbirne; der Stecker und die Steckdose

→ Lg 5

Seite 23, Übung 2

(1) Topf; (2) Taschenlampe; (3) Elektroherd; (4) Waschbecken; (5) Zahlen; (6) Glühbirne; (7) Wasserhahn; (8) Steckdose; (9) Stuhl; (10) Foto; (11) Batterien; (12) Kamera; (13) Mine; (14) Lampe; (15) Taschenrechner; (16) Kugelschreiber; (17) Stecker

→ Lg 6

Seite 25, Übung 3

ein BADENIA-Elektroherd. Der ... Er ...
eine BADENIA-Mikrowelle. Die ... Sie ...
ein BADENIA-Geschirrspüler. Der ... Er ...
eine BADENIA-Küchenlampe. Die ... Sie ...
ein BADENIA-Küchenregal. Das ... Es ...

→ Lg 7

Seite 27, Übung 7

b) 200, 220, 225, 250, 254, 256, 259
c) 700, 750, 790, 798, 820, 823, 833
d) 310, 330, 340, 341, 344, 348, 353
e) 50, 75, 90, 110, 111, 112, 120
f) 700, 800, 810, 850, 900, 905, 908
g) 15, 20, 25, 27, 29, 30, 32

→ Lg 8

Seite 28, Lesetext „Dies und Das"

... kein Helm, sondern ein Fernseher; ... kein Schuh, sondern ein Telefon; ... keine Parkuhr, sondern ein Radio

→ Lg 9

Seite 29, Übung 8

a) mein ... Ihr ... mein ... er ... er ... er ...
b) meine ... deine Spüle ... sie ... sie ...
c) ist ... sind meine ... sind Ihre ... meine ... sie sind ... sie ...
d) Sag mal ... ist meine ... sagst ... meine Waschmaschine ... funktioniert sie ... sie ist ...

Lektion 3

→ Lg 10

Seite 36, Übung 3

Franz mag keinen Salat, keinen Käse, kein Bier, keinen Schnaps, keinen Wein;

Frau Mai kein Eis, keinen Kuchen, keine Wurst, keine Pommes frites, keine Cola, kein Bier;

Herr Martens kein Wasser, keinen Fisch, keinen Reis

→ Lg 11

Seite 38, Übung 7

Hörtext 1:	der Mann:	eine Zwiebelsuppe, einen Schweinebraten, ein Bier;
	die Frau:	eine Fischplatte, ein Glas Weißwein;
	das Kind:	eine Bratwurst mit Pommes (frites), eine Limonade.
Hörtext 2:	die Frau:	ein Brathähnchen, ein (Glas) Bier;
	der Mann:	ein Brathähnchen (mit Reis), ein (Glas) Bier.
Hörtext 3:	der Mann:	eine Rindfleischsuppe, eine Bratwurst mit Kartoffelsalat, ein Bier;
	das Kind:	einen Bratfisch, ein Eis mit Sahne, eine Cola

→ Lg 12

Seite 39, Übung 13

Gespräch 1: 11,50 DM; 25,00 DM; 9,80 DM; 16,00 DM; 6,60 DM; 8,00 DM; 76,90 DM

Gespräch 2: 47,10 DM; 49,60 DM; 10,50 DM; 11,20 DM; 4,40 DM; 6,60 DM; 129,40 DM

Gespräch 3: 12,00 DM; 10,80 DM: 17,90 DM; 24,00 DM; 4,40 DM; 7,00 DM; 76,10 DM

→ Lg 13

Seite 40, Übung 15

a) Rotwein; b) Rotwein; c) Suppe; d) Steak, Salat; e) Eis mit Früchten

→ Lg 14

Seite 41, Übung 17

Jever Pils, IDEAL-Kaffee, Vollkornbrot, Käse aus Holland, Tomaten, Schokoladen- oder Nußeis

→ Lg 15

Seite 43, Übung 20

Bild A: Pils; Bild B: Berliner Weiße; Bild C: Export; Bild D: Bockbier; Bild E: Altbier; Bild F: Münchener; Bild G: Weizenbier; Bild H: Kölsch

→ Lg 16

Seite 43, Übung 21

Bild links oben: Gespräch Nr. 2; Bild rechts oben: Gespräch Nr. 3; Bild links unten: Gespräch Nr. 1; Bild rechts unten: Gespräch Nr. 4

Lektion 4

→ Lg 17

Seite 49, Übung 7

Jemand schwimmt: Nr. 2; Jemand möchte schlafen: Nr. 5; Jemand macht ein Foto: Nr. 7; Jemand steht auf: Nr. 4; Jemand macht eine Flasche Wein auf; Nr. 1; Jemand sieht fern: Nr. 3; Jemand kauft ein: Nr. 6

→ Lg 18

Seite 53, Übung 18

zehn vor sieben: 2; zwanzig nach fünf: 6; ein Uhr: 5; Viertel vor zehn: 1; Viertel nach sieben: 3; fünf nach halb drei: 7; drei Uhr: 4; zwölf Uhr: 8

➔ Lg 19

Seite 54, Übung 23

Dienstag: Ich muß arbeiten; Mittwoch: Da kommt Werner aus Hamburg; Donnerstag: Da mache ich Italienisch; Freitag: Da gehe ich schwimmen; Samstag: ...

Lektion 5

➔ Lg 20

Seite 58, Übung 1

(1) die Küche; (2) das Bad (Badezimmer); (3) der Balkon; (4) das Schlafzimmer; (5) der Flur; (6) das Wohnzimmer

➔ Lg 21

Seite 59, Übung 4

a) eine Kommode, ein Bett, eine Lampe, ein Regal, einen Eßtisch, Stühle

b) einen Kleiderschrank, einen Herd, einen Kühlschrank, eine Couch, Sessel

➔ Lg 22

Seite 61, Übung 9

a) Für meine Mutter bin ich noch ein Kind.
b) Zu Hause darf ich keine Musik hören.
c) Jetzt bin ich ganz frei.
d) Ich will jetzt mein Leben leben.

➔ Lg 23

Seite 63, Übung 14

a) Anzeige 5
b) Anzeige 9

➔ Lg 24

Seite 65, Übung 16

a)	5	f)	3
b)	6	g)	7
c)	10	h)	2
d)	1	i)	4
e)	9	j)	8

➔ Lg 25

Seite 66, Übung 18

Interview 1: A; wohnt in einem Mietshaus; sagt: Meine Kinder sind noch klein, und ...

Interview 2: B; wohnt in einem Hochhaus; sagt: Wissen Sie, ich kenne meine Nachbarn gar nicht. ...

Interview 3: C; wohnen in einem Reihenhaus; sagen: Unsere Nachbarn sind sehr nett.

Interview 4: D; wohnt in einem Studentenheim; sagt: Ja, manchmal gibt es Ärger, aber dann ...

➔ Lg 26

Seite 67, Übung 20

im Restaurant: Mittag essen, ein Bier trinken, Leute treffen, einen Wein trinken, Kaffee trinken, ...

im Café: Kaffee trinken, einen Wein trinken, eine Zeitung lesen, ...

auf der Dachterrasse: in der Sonne liegen, eine Zeitung lesen, ...

im Frühstückszimmer: frühstücken, Leute treffen, ...

im Fernsehzimmer: fernsehen, ...

im Leseraum: eine Zeitung lesen, ...

an der Rezeption: ein Zimmer buchen, einen Mietwagen leihen, Touristeninformationen bekommen, ...

am Kiosk: eine Zeitung kaufen, Zigaretten kaufen, ...

in der Telefonzelle: telefonieren

in der Bar: ein Bier trinken, einen Wein trinken, Leute treffen, flirten, ...

im Reisebüro: Touristeninformationen bekommen, einen Mietwagen leihen, einen Ausflug buchen, ...

im Hallenbad: schwimmen, ...

in der Diskothek: tanzen, flirten, ein Bier trinken, Leute treffen, ...

Lektion 6

➔ Lg 27

Seite 71, Übung 3

Herr Kaleschke hat Grippe, kann nicht arbeiten; Rat: „Bleiben Sie im Bett." – Peter hat Husten, nimmt Hustenbonbons; Rat: „Trink Hustentee." – Walter hat Kopfschmerzen, möchte nicht mitkommen; Rat: „Nimm eine Tablette." – Frau Herzog hat Schnupfen, muß Klavier spielen; Rat: „Nehmen Sie Nasentropfen."

➔ Lg 28

Seite 72, Übung 4

1 A, 2 B, 3 C

➔ Lg 29

Seite 73, Übung 5

Herr P. hat Brustschmerzen. Er soll zum Arzt gehen. Er soll nicht zu lange warten. – Frau E. hat oft Halsschmerzen. Sie soll vorsichtig sein. Sie soll Kamillentee trinken und Halskompressen machen. Sie soll Echinacea-Tropfen kaufen. Sie soll nicht oft schwimmen gehen. – Herr M. hat Magenschmerzen. Er soll viel spazierengehen. Er soll keinen Kaffee und keinen Wein trinken. Er soll auch nicht fett essen.

➔ Lg 30

Seite 76, Übung 13

Der Unfall beim Fußballspiel.

➔ Lg 31

Seite 76, Übung 14

Geschichte A: Bild 11, 1, 10, 3

Geschichte B: Bild 12, 6, 5, 4

Geschichte C: Bild 2, 9, 8, 7

➔ Lg 32

Seite 78, Übung 18

Die beiden haben eingepackt: Skihosen, Pullover, Schals, Skibrillen, Handschuhe und Verbandszeug

Lektion 7

➔ Lg 33

Seite 82, Übung 1

Nr. 1 hat geschlafen. – Nr. 2 ist in der Sauna gewesen. – Nr. 3 hat geheiratet. – Nr. 4 ist/hat geschwommen. – Nr. 5 hat ein Sonnenbad genommen. – Nr. 6 hat einen Brief geschrieben. – Nr. 7 hat Essen gekocht. – Nr. 8 hat eine Flasche Schnaps getrunken. – Nr. 9 ist gefallen. – Nr. 10 ist nach Hause gekommen

➔ Lg 34

Seite 82, Übung 2

(Personen auf dem Foto von links): Herr Kretschmar ist einkaufen gegangen, hat im Garten gearbeitet, hat das Auto gewaschen, hat Geburtstag gefeiert, hat Besuch gehabt. – Herr Weiher hat eine Küche gekauft, ist zu Hause geblieben, hat ein Tennisspiel gesehen. – Frau Bärlein (ist im Sonnenstudio gewesen,) hat Besuch gehabt, ist tanzen gegangen, hat einen Ausflug gemacht. – Tina hat Fußball gespielt, hat für die Prüfung gelernt, ist im Theater gewesen. – (Nicht auf dem Foto:) Der Chef hat gearbeitet.

➔ Lg 35

Seite 83, Übung 4

Erste Frage: a) bis c): M; d) bis h): P; i): M.

Zweite Frage: Januar: h); März: e), d); April: d) (unsicher); Mai: b); Juni: a), c); Juli: c); August: c); Oktober: g)

➔ Lg 36

Seite 86, Übung 9

7.00 Uhr: J; 7.20 Uhr: G; 7.45 Uhr: C; 8.05 Uhr: E; 8.30–12.00 Uhr: H; 12.20 Uhr: A; 12.45 Uhr: I; 14.30 Uhr: L; 16.15 Uhr: B; 16.30 Uhr: K; 18.00 Uhr: D; 19.50 Uhr: F. (Auch andere Lösungen sind denkbar.)

➔ Lg 37

Seite 87, Übung 10

b: um 7 Uhr wecken; b: anziehen; J: in den Kindergarten bringen. A: in die Schule bringen; A: um 12.20 Uhr abholen; J: um 12.35 Uhr abholen; J: um 19.30 Uhr ins Bett bringen; A: um 19.50 Uhr ins Bett bringen

➔ Lg 38

Seite 89, Übung 12

a) 2.00 Uhr; b) spazierengegangen; c) Frau hat geschlafen; d) Suchmeldung gehört; e) mit Polizei telefoniert und Dirk abgeholt

➔ Lg 39

Seite 89, Übung 13

war – hatte – war – hatte – war – hat gerufen – hat gesehen – hat gewartet – ist gekommen – ist ausgestiegen – hat gefragt – hat gesagt – habe geschlafen – bin ausgestiegen und gegangen – war. – hat angerufen – hat geholt/gefahren – war – waren – haben gegeben – hat gesagt – war

➔ Lg 40

Seite 90, Übung 14

1 a, e, h, k, l, n; 2 j; 3 m; 4 c; 5 b; 6 f; 7 d, g, i

Lektion 8

➔ Lg 41

Seite 94, Übung 1

a) in der Metzgerei; b) in der Apotheke; c) im Kino; d) in der Bäckerei: e) im Reisebüro; f) auf der Post; g) in der Diskothek; h) auf der Bank; i) auf dem Bahnhof

➔ Lg 42

Seite 95, Übung 3

a) ins Schwimmbad; b) in den Supermarkt; c) auf die Post; d) in die Buchhandlung; e) in den Stadtpark; f) in die Apotheke; g) ins Café; h) auf den Bahnhof; i) ins Hotel

➔ Lg 43

Seite 96, Übung 6

a) in der Bäckerei/hat Brötchen gekauft; in der Metzgerei/hat Fleisch gekauft; auf der Post/hat das Paket an Monika abgeschickt; auf dem Bahnhof/hat Fahrkarten gekauft; in der Autowerkstatt/ hat das Auto waschen lassen; auf der Bank/hat Geld abgehoben (sagt er nicht, steht aber auf seinem Zettel); in der Stadtbibliothek

b) in der Apotheke; im Fotostudio; in der Reinigung; im Blumengeschäft.

c) Er hat Bernd in der Stadt getroffen. Sie waren in seiner Wohnung und haben ein Bier getrunken.

➔ Lg 44

Seite 99, Übung 11 a)

a) vor dem ICC; b) auf der Mauer; c) unter der Weltzeituhr; d) neben (unter) dem Funkturm; e) auf dem Baum (neben Humboldt); f) hinter dem Humboldtdenkmal; g) an der Mauer (vor der Mauer); h) auf einer Bank, zwischen seiner Frau und seinem Kind

➔ Lg 45

Seite 100, Übung 11 b)

a) fliegt über das ICC; b) klettert auf die Mauer; c) schreibt etwas an die Mauer; d) stellt ein Schild vor das ICC; e) legt eine Tasche unter eine Bank; f) fährt neben die Weltzeituhr/ist neben die Weltzeituhr gefahren; g) stellt ein Klavier hinter das Humboldtdenkmal; h) geht in die Gedächtniskirche

➔ Lg 46

Seite 101, Übung 12

Zum Beispiel:

a) Man fährt von Saarbrücken zuerst nach Frankfurt, dann über Kassel nach Leipzig. Von dort fährt man weiter nach Berlin. – Zuerst fährt man von Köln nach Düsseldorf, dann über Münster nach Braunschweig. Von dort fährt man weiter nach Berlin.

b) Man fährt zuerst nach Frankfurt, dann über Kassel nach Braunschweig und von dort weiter nach Berlin. – Zuerst fährt man von Düsseldorf nach Kassel. Von dort fährt man weiter nach Braunschweig und dann nach Berlin.

c) Von Regensburg nach Berlin kann man nicht direkt fliegen. Man muß zuerst mit der Bahn nach München fahren. Von dort kann man nach Berlin fliegen. – Man fährt mit der Bahn oder mit dem Auto nach Frankfurt. Von dort fliegt man nach Berlin.

➔ Lg 47

Seite 102, Übung 13

a) wahr; b) falsch; c) falsch; d) wahr; e) falsch; f) wahr; g) falsch; h) wahr; i) falsch; j) falsch; k) wahr; l) wahr

Lektion 9

➔ Lg 48

Seite 107, Übung 2

A/2/c); B/1/d); C/5/a); D/4/e); E/3/b)

➔ Lg 49

Seite 108, Übung 4

Dialog B: Doris hat Geburtstag. Sie schenken ein Buch, denn sie haben keine andere Idee; sie schenken keine Skibrille, denn sie hat schon eine; keinen Schmuck (keine Halskette), denn das ist zu teuer; keine Filme, denn das ist zu unpersönlich.

Dialog C: Ewald feiert sein Dienstjubiläum. Sie schenken eine Kaffeemaschine, denn seine alte ist kaputt; keine Zigaretten, denn das ist zu unpersönlich; kein Kochbuch, denn er hat schon viele.

Dialog D: Silvesterparty bei Daniela und Uwe. Sie schenken einen USA-Reiseführer, denn sie wollen im Sommer in die USA fahren; keine Blumen, denn das ist langweilig; keinen Wein, denn Wein schenkt jeder, keinen Wecker, denn sie haben schon einen.

➔ Lg 50

Seite 109, Übung 5

a) Ich ... ich ... Euch ... Ich ... Euch ... Ihr ... mir ... mich ...

b) Wir ... wir ... Ihnen ... Sie ... uns ... uns ...

→ Lg 51

Seite 113, Übung 11

a) A: Das kleine Ding fürs Geschäft; B: Das kleine Ding für die Familie; C: Das kleine Ding für die Reise

b) A: falsch; B: richtig; C: falsch; D: falsch

→ Lg 52

Seite 115, Übung 14

A: Fernseher; B: Computer; C: Telefon; D: Uhr; E: Waschmaschine; F: Auto

Lektion 10

→ Lg 53

Seite 119, Übung 3

b) Person Nr. 1 ist Wolfgang Amadeus Mozart.

c) Person Nr. 2 ist Johann Wolfgang von Goethe.

→ Lg 54

Seite 122, Übung 7

A 8/B 1/C 2/D 6/E 5/F 7/G 3/H 4

→ Lg 55

Seite 123, Übung 8

b) Dialog 1: München; Dialog 2: Hamburg; Dialog 3: Köln; Dialog 4: Wien; Dialog 5: Dresden; Dialog 6: Frankfurt; Dialog 7: Bern; Dialog 8: Berlin.

c) Grüessech: Bern; Grüß Gott: München; Moin: Hamburg; Tschüß: Hamburg; Servus: Wien; Uf Widerluege: Bern; Beisl: Wien; Kneipe: Köln; Wirtshaus: Frankfurt, München

→ Lg 56

Seite 124, Übung 10

Es gibt 2 Autofähren. Die 3 Staaten betreiben die Schiffahrtslinien gemeinsam. Es gibt 3 große Inseln. Der Bodensee ist ein Bindeglied für 4 Nationen. Der Bodensee ist zwischen Friedrichshafen und Romanshorn 14 km breit. 18 km des Ufers gehören zu Bayern. 29 km des Ufers gehören zu Österreich. Zwischen Bodman und Bregenz ist der See 63 km lang. 69 km des Ufers gehören zur Schweiz. Die Schweizer kommen mit der Fähre ... Das war schon vor 100 Jahren so. 150 km des Ufers gehören zu Baden-Württemberg. 200 weitere Bäche und Flüsse fließen in den See. Südlich von Immenstaad ist der See 252 m tief. Der Radweg um den See ist ungefähr 300 km lang. Der See ist 538 km^2 groß. Der Pfänder ist 1064 m hoch.

→ Lg 57

Seite 125, Übung 11

Deutschland: Bodman, Friedrichshafen, Konstanz, Uhldingen, Hagnau, Meersburg

Österreich: Bregenz, Pfänder

Schweiz: Rorschach, Kreuzlingen, Romanshorn

→ Lg 58

Seite 126, Übung 12

a) Luxemburger; seit neun Jahren; an der Côte d'Azur; Fisch aus dem Bodensee; Rotwein aus Hagnau; wandern; in einem Appartement.

b) Bild 1 (Mainau); Bild 2 (Bregenzer Festspiele); Bild 5 (Kloster Birnau)

Notizen

Notizen

Hören Sie mal!

Übungen zum Hörverständnis
von Claudia Hümmler-Hille und Eduard von Jan

Eine Sammlung von authentischen Hörtexten mit Übungen, die sowohl für den Klassenunterricht, als auch für das Selbststudium geeignet sind. Jeweils 3 Cassetten mit 48 bzw. 40 Hörtexten. Begleitbücher mit Übungen (Kopiervorlagen), Lösungsschlüssel und Transkription der Hörtexte.

Die Dialoge präsentieren Alltagsgespräche in natürlichem Sprechtempo. Durch den schriftlichen Übungsteil erhalten die Lernenden Hilfestellung für den Verstehensprozeß. Die vielfältigen Übungsformen zur Entwicklung von Global- und Detailverständnis beziehen auch die Fertigkeiten Lesen und Schreiben mit ein.

Hören Sie mal! 1

3 Cassetten, Gesamtlaufzeit 133 Minuten und ein Begleitbuch mit vielen Zeichnungen,
DIN A4, 92 Seiten, kartoniert. ISBN 3–19–001481–1

Hören Sie mal! 2

3 Cassetten, Gesamtlaufzeit 141 Minuten und ein Begleitbuch mit vielen Zeichnungen.
DIN A4, 112 Seiten, kartoniert. ISBN 3–19–001500–7

Hueber
Sprachen der Welt